Gabriel Mairot

Luc Poirot

Mon combat pour une vie debout

À Sonia

qui m'a toujours soutenu dans mes projets,

Aux enfants, Anne-Laure, Jérôme, Leila, Florent, Laurine, Mickaël,

Aux petits enfants, Léane, Mahée, Luis, Lūka, Eydan.

Merci de me donner toute cette énergie...

PRÉFACE

Comment l'un d'entre nous peut-il se reconstruire après avoir vécu un épisode dramatique qui le touche au fond de lui ou de ses proches ?

Cette question, je me la suis longtemps posée, confronté en tant que médecin à des drames tous plus horribles les uns que les autres.

L'histoire de Gabriel MAIROT est à ce titre exemplaire.

On y voit comment une éducation rurale, vouée au travail, et un amour insatiable de la vie qui le poussent au fil des ans à explorer ses limites physiques, mais aussi à découvrir l'incroyable beauté de notre planète ont pu forger un caractère tenace.

Il ne lâche rien, Gabriel !

Et quand en 2008 il se trouve confronté à l'inimaginable, se retrouver amputé en haut de la cuisse, il s'adapte, se réadapte, et poursuit sa quête insatiable de ses limites.

C'est dur de s'entendre dire par des experts, qu'il doit s'estimer heureux ; il aurait dû mourir et finalement échanger la vie contre un membre cela vaut le coup...!

C'est là toute la notion de l'aléa thérapeutique, c'est-à-dire la séquelle physique (parfois grave) liée à un soin sans qu'il y ait de faute...

Car il faut bien poursuivre le chemin, vivre, et Gabriel MAIROT se bat désormais pour obtenir une reconnaissance de cet aléa thérapeutique qui lui permettrait de financer le GRAAL de la prothèse... de quoi gravir encore de nombreux sommets.

Docteur Laurent Jeunet

Avant-propos

Si j'écris ce livre, c'est pour vous faire part de mon combat actuel.

Mon enfance, mon adolescence, ma vie adulte se sont déroulées sans trop d'embûches, une vie normale comme parmi tant d'autres.

Grandir dans un monde que l'on découvre petit à petit, commettre quelques erreurs de jeunesse (mariage, divorce), tout cela avec des regrets forcément, mais être papa c'est un rôle merveilleux.

Après de très belles années, avec toujours comme objectif le sport : course à pied, courir des marathons dans une nature majestueuse, la montagne...

Au retour d'un trek dans un pays hors du commun, le Népal, ma vie a basculé.

Je peux vous citer mon envie de vivre, mes tentatives d'aller toujours plus loin, vous voyez ce que j'ai en moins mais vous ne voyez pas forcément ce que j'ai en plus.

« Envie de vivre tout simplement »

De ce combat je veux en faire une force, et de cette force une bataille pour aider mes frères et sœurs amputés afin que les services sociaux reconnaissent cet handicap et mettent à disposition les nouvelles technologies pour lesquelles je me suis battu, une prothèse électronique qui permet de vivre normalement. Ce n'est pas du luxe, mais une nécessité pour affronter le quotidien.

Je terminerai en disant que c'est par l'amour et la paix, par la volonté individuelle de ne pas se laisser sombrer, que l'homme peut transformer les orages en soleil, le froid en chaleur.

Gabriel Mairot.

Souvenirs de Jeunesse

Je suis né le vendredi 5 juillet 1957 à la maternité de Pontarlier. Maman a du mal à me trouver un prénom, finalement ce sera Gabriel. Je suis fier de porter le prénom de ma grand-mère. Mes parents résident dans une ferme à la Rivière-Drugeon, un village du Haut-Doubs à 816 m d'altitude, situé à 12 km de Pontarlier, à 74 km de Besançon et à 25 km de la frontière suisse. Ce village est chargé d'histoire…

Dès le XVIe siècle, le bourg de la Rivière-Drugeon se développe au pied du château. Il abrite un marché hebdomadaire, une église, une maison de dominicains et un moulin. Il est entouré de remparts et de fossés remplis d'eau apportée par une déviation du cours du Drugeon. Un étang le borde de trois côtés. Les voies de circulation reprennent le tracé des anciens remparts. Le village de La Rivière devient une paroisse en 1275.

La Rivière Drugeon

Les travaux de l'église actuelle, de style gothique, ont débuté en 1415 et se sont terminés en 1490.

La Rivière-Drugeon présente la particularité d'être **« Le Pays de la Clémentine ».** L'histoire de la clémentine remonte à 1892 lorsque le père Clément Vincent Rodier, originaire de la Rivière-Drugeon, a décidé de féconder des fleurs de mandariniers avec du pollen prélevé sur un bigaradier, arbre qui produit l'orange amère. Il assure la direction de l'orphelinat de Misserghin, village au sud d'Oran en Algérie. Un matin, il voit des gosses s'alimenter de fruits tombés d'un arbre.

À cet endroit ne poussent habituellement que des bigarades ou oranges amères, immangeables. Les pommes d'or, comme on les appelle, sont tombées d'un arbre qu'il n'a jamais vu auparavant, un hybride naturel issu d'une pollinisation des bigaradiers par les mandariniers voisins. Le père Clément est donc l'inventeur de la clémentine ! Il améliorera les qualités du fruit par greffes successives.

L'année de ma naissance, 1957, est également celle du marché commun. René Coty est alors Président de la République Française.

Maman Cécile avait six frères et trois sœurs. Ils habitaient à La Pérouse - non ce n'est pas en Russie - c'est un lieu-dit au-dessus d'Arc-Sous-Cicon, coupé du monde durant tout l'hiver. À côté de la ferme de mon grand-père, trois autres grosses bâtisses comtoises posées entre les foyards. Ces quatre fermes ont compté 50 gamins, presque un village !

Du bonheur ! Car tout le monde est solidaire, pas besoin de télévision ni d'ordinateur ! En hiver, les veillées comblent les soirées ; les voisins discutent, échangent, jouent aux cartes et aux jeux de société. Le matin, maman et ses frères et sœurs vont à l'école en ski et suivent la trace de mon grand-père dans la neige.

Papa habite également Arc-Sous-Cicon, mais il a moins de difficultés au quotidien. Il a six frères et deux sœurs, c'est également une grosse famille. Il est fils de paysan et fier de l'être. À la Rivière-Drugeon, papa est fermier : il loue la ferme à Monsieur Clément.

Nous sommes six enfants. Dans l'ordre d'apparition, mon frère aîné Bernard né en 1955, puis ma sœur Marie-Agnès née en 1956 ; je suis le numéro trois. Marie-Thérèse, est née en 1959, puis vient Michel, en 1962, décédé accidentellement à l'âge de 12 ans et enfin Philippe, né en 1966. Une grande complicité et une bonne entente règnent entre nous tous.

Les années soixante furent marquées, il faut le rappeler, à la fois par des progrès technologiques fulgurants et des avancés sociales considérables.

La famille Mairot

C'était la découverte et l'éblouissement en permanence ; une minorité de familles possédait un frigo, un lave-linge ou une voiture, du genre 2 CV. Les ouvriers travaillent de neuf à dix heures par jour. On est bien loin des trente cinq-heures !

À l'âge de 6 ans, en septembre 1963, je vais à l'école primaire du village, en CP. La maternelle n'existe pas encore. Mon institutrice, Madame Boy, est très à l'écoute de nos besoins. C'est Monsieur Boy qui prend le relais pour les cours de CE1 et CE2. C'est un homme toujours sérieux, très bon instituteur. Tous les matins, il faut montrer nos mains. Gare à celui qui a les mains sales ! Quelle honte quand nous avons oublié de les laver ! Ce n'est pas facile car nous n'avons pas de salle de bain.
À ce sujet, tous les dimanches matin, avant d'aller à la messe, c'est papa qui nous lave entièrement, les uns derrière les autres, dans une bassine. Il prend un grand gant de toilette et nous frotte vigoureusement, dans la pièce appelée « le poêle », la partie la plus chaude de la maison.

Je me souviens de ces instants savoureux que nous passions à l'heure des récréations, ou à la sortie de l'école. Pour goûter nous avions droit à une tranche de pain et deux carrés de chocolat, le temps passe si vite...

En CM1 et en CM2, c'est Monsieur Marguet qui nous prend en charge. C'est un très bon enseignant, très rigoureux, il doit gérer quatre cours à la fois, car il s'occupe également des élèves du certificat d'études primaires. Avec lui, ça ne rigole pas ; il a la main leste et la gifle facile : pas de pitié pour les chahuteurs et les élèves indisciplinés ! Cependant, j'en garde un très bon souvenir. Il m'a appris tant de choses ; sans oublier les leçons de morale ou d'instruction civique tous les matins ! Il faut être attentif et à l'écoute. Le moindre chuchotement se termine par un coup de règle sur le bout des doigts. Nous ne nous plaignons jamais auprès de nos parents car c'est la double sanction assurée ! Il nous enseigne les principes de base : la discipline établie à l'école et à la maison, le sens du partage avec les autres, la politesse, le respect des anciens, la valeur du travail et de l'effort. Il nous rappelle souvent que l'ignorance mène à la servitude…

Gabriel de G à D en bas 3ème

Aujourd'hui, c'est l'inverse, ce sont les profs qui sont frappés par les élèves ! Quand le bulletin de notes est mauvais, on entend la réflexion suivante : « Qu'est-ce que c'est que ces notes ? » Ce n'est pas l'instituteur qui s'adresse à l'élève, mais les parents qui interpellent l'enseignant ! **Qu'est devenu le bon sens paysan ?**

J'apprends bien ; je suis souvent classé 5ème ou 6ème sur 25. Eh oui, nous sommes classés ; cela aussi a disparu. Mais quand les ados entrent dans la vie active professionnelle et que vingt personnes sont candidates pour le même poste, **l'apprentissage de la concurrence et de la compétition est très dur !**

Enfant de chœur, je suis autorisé à sécher les cours pour aller servir les enterrements avec mon copain. Nous sommes toujours volontaires, car la famille du défunt nous donne la pièce ! Nous nous jouons des tours ; une fois mon copain dévisse les cinq mini-cloches de la crécelle. Quand je veux la faire sonner, toutes les cloches roulent sur le sol de l'autel !

L'assistance se retient de rire, difficilement… C'est dur de se retenir de rire dans ces moments-là ! Nous avons droit à un sermon carabiné par le père curé à la sortie de la messe !

Mes parents n'ont pas les moyens de partir en vacances ni de nous envoyer en colonie. Et pourtant, je serais si heureux d'y participer. En compensation, papa me laisse partir chez mon oncle Michel, à Arc-Sous-Cicon qui est sculpteur-ébéniste. Dès que je passe la porte de son atelier, je sens les bonnes odeurs des différentes essences des bois travaillés : le chêne, le merisier, le frêne, le foyard… C'est un artisan exceptionnel : c'est lui qui a sculpté de nombreux autels des églises du Haut-Doubs. Je m'entends très bien avec ses quatre filles, mes cousines. La plus grande a un copain, Roger. Le soir, devant la télé, ils n'arrêtent pas de se bécoter…J'ai alors douze ans !

Dès son arrivée à La Rivière-Drugeon, papa rassemble les paysans pour créer un collectif afin d'acheter du matériel en commun : La C.U.M.A. (Collectif d'Utilisation du Matériel Agricole). C'est une idée judicieuse ; en effet, les agriculteurs (on disait cultivateurs à l'époque) utilisent du matériel saison-

nier qui coûte cher et celui-ci n'est utilisé qu'une seule fois dans l'année. La gérance de la C.U.M.A recense les besoins, achète du matériel neuf ou d'occasion. Les adhérents utilisent les outils à tour de rôle. Tout le monde y trouve son compte.

Je suis fier du métier de mon père et en particulier de l'élevage des montbéliardes dont la production laitière permet de réaliser du comté, un fromage d'appellation d'origine contrôlée renommé dans toute la France. De nos jours, avec un tonnage de 57 000 tonnes par an, c'est d'ailleurs l'AOC la plus importante des quarante-quatre AOC françaises.

Il faut 400 l de lait cru pour réaliser une meule de comté de 40 kg qui mûrira en cave durant 12 à 18 mois avant sa consommation. Il est fabriqué dans des petits ateliers appelés « fruitières ». De nos jours, il en existe encore 160 réparties dans le Doubs, le Jura et le Nord de l'Ain. Beaucoup de régions nous envient ce mode de production, certes contraignant, mais nettement plus valorisant pour l'éleveur que les produits laitiers pasteurisés.

Dans les années 50, il existe trois fruitières à la Rivière-Drugeon. Avec ma sœur Marie-Thérèse, je suis souvent de corvée pour apporter le lait à la fruitière. Nous mettons les bidons à lait sur une petite charrette à bras. L'hiver, il tombe beaucoup de neige, beaucoup plus qu'aujourd'hui !

La traite

Avec la charrette, quand la neige est grasse, elle colle aux pneus ; apporter le lait matin et soir à la coulée devient presque un exploit sportif pour arriver à bon port ! Ensuite, il faut verser le lait dans le pèse-lait : dur, dur, les bidons sont trop lourds pour nous…

Mon père me raconte qu'au début de l'exploitation de sa ferme, il attelait deux bœufs pour faire les labours. Les deux compères ne s'entendaient pas toujours très bien et les sillons n'étaient pas toujours très droits ! Quand il a pu se le permettre financièrement, il a fait l'acquisition d'un cheval, un animal docile, costaud et résistant. Mon copain Gérard a lui aussi un cheval et c'est un réel plaisir de monter sur la voiture tirée par le cheval ; en tout cas, j'en garde un excellent souvenir…

Une faucheuse

Les récoltes

Les machines agricoles ont considérablement évolué et le tracteur en est le symbole le plus éclatant. Il est aussi le premier outil de travail de l'agriculteur. Il a remplacé le cheval ou le bœuf pour tracter des machines agricoles toujours plus lourdes et des surfaces cultivées qui ne cessent de s'agrandir. J'ai 5 ans quand mon père achète son premier tracteur. C'est le plus beau, le plus gros ! Il est de couleur verte comme les prairies. Il a ingénieusement fabriqué un support à l'arrière pour nous transporter. Nous allons souvent dans le village voisin, à Bulle, pour rencontrer mon oncle, curé de la paroisse. J'aime bien y aller car il nous donne des rouleaux de pièces qui ne sont plus d'actualité. Nous les utilisons sans lui dire lors des fêtes foraines dans les machines à sous, où l'on gagne des babioles.

Les travaux agricoles rythment les saisons. Durant la période des récoltes, tout le monde se met à l'ouvrage. J'adore me retrouver acteur auprès de mon père. **Il a la patience et la sagesse de nous faire passer des messages.** Calme, en pleine récolte, il trouve les mots et prend le temps de rouler sa cigarette à quelques minutes d'un orage et de continuer son bonhomme de chemin.

Retour des foins

C'est le bonheur, avec un père protecteur qui ne s'exprime pas forcément en tant que tel, mais qui, malgré tout, nous protège et nous inculque un chemin, une voie à suivre. Il n'aura pas besoin de nous le redire.

Aujourd'hui, je me dis souvent, ***« jamais maman ne nous disait qu'elle nous aimait ».*** Sans doute une certaine pudeur, **mais je suis sûr qu'au fond d'elle-même elle nous aimait plus fort encore. Voilà un très bon point positif pour l'époque actuelle : les parents disent à leurs enfants qu'ils les aiment !**

Ces périodes de récolte concernent tous les domaines : l'été, c'est la fenaison pour le bétail. Cette période « des foins » est particulièrement pénible physiquement. Il fait très chaud, les taons, et les moustiques nous piquent. Il faut charger et décharger le foin à la fourche et le ranger dans le grenier. Lui aussi, il nous pique les bras et les jambes. Nous devons tirer un grand râteau surnommé « la galère » pour ne rien perdre… Les journées sont longues et n'en finissent pas.

Plus tard, je n'hésiterai pas à comparer ces travaux à un marathon !
Je suis sûr que cet entraînement physique m'a donné le goût de l'effort et a forgé mon endurance ! Cependant, mes frères et sœurs et moi participons de bonne grâce à ces récoltes.

Nous jouons des tours à mon père. Avec ma sœur aînée Marie Agnès, nous échangeons nos vêtements. Chaque fois que mon père m'appelle c'est elle qui vient à ma place, déguisée en garçon…
Que de partie de fous rires quand papa s'aperçoit de la farce !

Pour les récoltes de pommes de terre plantées le 1er mai, le jour de la fête du travail, nous râlons de temps en temps, mais quelle joie de ramasser tous ces produits naturels et de les déguster en famille. Les cueillettes, c'est aussi le jardin avec les conserves de confitures, les fruits, les noisettes que nous allons chercher dans la nature et qui font le bonheur des soirées d'hiver.

La période des moissons du blé et de l'orge, c'est pour moi la fierté de monter sur les premières moissonneuses-batteuses, machines hors norme, qui permettent de séparer la graine de la tige. La récolte est mise en sacs de toile d'environ 50 kg. Le soir, c'est le verdict du travail de la terre…

Au printemps ce sont les labours et les semailles à la main : tout un art ! Je revois mon père plonger la main dans son sac de jute qu'il porte sur l'épaule pour en extraire une poignée de graines. Il ouvre doucement sa main pour répartir uniformément les graines sur la terre. J'ai alors l'impression qu'il met des graines tous les deux centimètres. Il marque ses passages avec un morceau de l'Est Républicain. Il ne faut surtout pas gaspiller les graines…
Encore aujourd'hui, lorsque je m'arrête devant un champ de labour, j'ai une pensée pour mon père et pour cette terre nourricière…

Nous sommes aussi chargés d'aider papa pour faire d'importantes provisions de bois car les hivers sont très froids et très longs. Après le passage du scieur qui tronçonne les bûches en morceaux de 30 cm, nous coupons des bûchettes à la hache pour alimenter la cuisinière de maman. Avec les copains, nous travaillons ensemble pour rendre cette corvée moins pénible et moins fastidieuse.

L'hiver papa va travailler à la scierie du village, ce qui permet un complément de revenu et qui met un peu de beurre dans les épinards, par la suite, celle-ci sera victime d'un incendie.

Notre cochon est nourri principalement avec des pommes de terre et des épluchures ou des restes de la cuisine, ce qui en fait un porc de qualité gustative extra. L'abattage de l'animal est tout un cérémonial. Toute la famille et les voisins les plus proches sont mobilisés.

Ouvriers à la scierie de G à D 4ème mon père

Incendie à la scierie

Mon père lève l'animal avec un tracteur : il est pendu pour être égorgé. C'est un spectacle assez effrayant ! Le sang est aussitôt récupéré par les grands-mères qui se dépêchent de l'agiter avec un bâton pour éviter qu'il ne coagule. Elles apportent alors tout leur savoir et leur expérience pour réaliser le fameux boudin ! Le gras du cochon est coupé et grillé ; on appelait cela les «grattons ». Ce n'est pas mon plat favori ! Le soir nous préparons les saucisses ; il faut mouliner tous ces morceaux de viande et de gras. On rajoute beaucoup d'assaisonnements qui embaument le local. Les produits fumés tels que le jambon, les saucisses de foie, les bandes de lard sont entreposés chez mon oncle Léon au lieu dit les « Epercherettes ». Il possède un immense

« tuyé » ou fumoir et tous les gens des environs viennent faire fumer leurs produits. Au début de l'hiver, des centaines de saucisses, des jambons, des bandes de lard, viennent se faire dorer. C'est magique ! Mon oncle n'aime pas nous voir dans cette pièce, il a toujours peur qu'un jambon se détache et nous tombe dessus !

Les travaux sont entrecoupés de fêtes religieuses ou païennes. Les femmes dressent de longues tables nappées de blanc et nous festoyons comme il se doit. La campagne est un véritable terrain de jeu à ciel ouvert. Les vastes prairies et les bois odorants suffisent à nous occuper des journées entières. Les enfants que nous sommes n'ont nul besoin de console et autre Nitendo… C'est un grand plaisir pour moi de monter aux Epercherettes. Je retrouve mes cousins Gérard et Raymond. Ils jouent de l'accordéon et ce sont des moments de partage extraordinaires.

Reposoir

Autre souvenir mémorable : le jour où papa nous a emmenés avec le tracteur au bord de la route nationale pour voir le général de Gaulle. Tous les habitants des villages sont au bord de la route et saluent son passage avec enthousiasme.

À cette époque, nous étions souvent en culottes courtes. Mes parents ne sont pas riches et nous nous repassons nos vêtements entre frères et sœurs. Placé en 3ème position, j'ai très rarement des habits neufs ! Heureusement, nous avons une tante et un oncle sympathiques qui nous envoient des vêtements de leurs enfants. À chaque envoi, c'est extraordinaire pour nous lorsque nous déballons le colis ! Ils habitent juste à côté de La Boisserie, résidence du général de Gaulle, à Colombey-les-Deux-Églises. D'ailleurs à son décès, en novembre 1970, mon cousin, Christian, participe à la portée du Général.

La campagne est souvent animée par les commerçants ambulants. Ce sont des colporteurs des nouvelles des pays voisins, des nouveautés, des décès aussi... Dans chaque village, les notables : maire, instituteur, curé, médecin, sont à la fois craints et respectés. D'ailleurs, chaque fois que nous tuons le cochon, nous devons leur apporter les meilleurs morceaux...

La fête du village est très attendue, elle a lieu à la fin de l'année scolaire et annonce beaucoup de réjouissances. Nous nous postons à l'entrée du village pour attendre l'arrivée des manèges ! Nous scrutons l'horizon à la recherche du convoi exceptionnel. Dès son arrivée, nous nous faisons entendre et tout le village est prévenu !

Dans les années 60, les informations communales passent par le cantonnier qui fait le tour du village avec son tambour. Nous avons peur chaque fois qu'il commence par dire « avis à la population » ! En fait, rien à craindre, il annonce soit une vaccination pour les enfants, soit une info quelconque. Pas besoin de fax ou de SMS !

Tous les dimanches, nous devons être présents à la messe. Ce sont des parties de bavardage avec mes cousins qui se terminent à genoux dans le chœur de l'église, avec une paire de claques distribuées gratuitement par des religieuses. À la sortie, les hommes vont prendre l'apéritif au bistrot du coin. Vers treize heures, maman nous demande d'aller chercher papa qui joue aux cartes. Dans la semaine, c'est son seul moment de distraction ; alors il n'est pas pressé ! Chaque dimanche, nous mangeons une rituelle soupe de tapioca : l'horreur ! Mais il faut absolument finir son assiette ! La fin du repas est nettement meilleure. Maman nous concocte de délicieux gâteaux de ménage et aussi des sèches.

En été, pendant les vacances, mes parents prennent en pension des petits parisiens. Ils sont drôles et ignorent tout de la campagne. Le service de placement de la Croix-Rouge oblige ma maman à les peser à l'arrivée et au départ. Ils doivent prendre du poids pendant les deux mois de vacances, ce qui signifie qu'ils ont été bien nourris. Incroyable mais vrai ! Nous ne sommes pas toujours gentils avec eux. Les enfants sont parfois cruels entre eux. Nous ne les ménageons pas. Nous chantons : « parigot tête de veau, parigot mégot, parigot, allumette au cul, parigot foutu ! »

Les plus beaux moments se déroulent à Noël. Nous croyons tous au père Noël. Personnellement, j'y ai cru jusqu'à l'âge de onze ans ! Interdiction de se lever le jour de Noël, tant que les parents n'ont pas terminé les travaux de la ferme. Je découvre parmi les cadeaux un pistolet à flèches, aussitôt je cherche à tirer sur mes sœurs ; ce sont des proies faciles. Je m'approche discrètement et au fond du couloir je découvre ma sœur Marie-Thérèse debout sur une chaise en train de se coiffer devant le miroir. Attends ma belle, de l'angle où je me cache, j'arme le pistolet, je vise et tire sur ma cible que j'atteins au milieu du front. Bien joué mais déséquilibrée, elle tombe lourdement et hurle. Je ne sais plus où me mettre, toute la famille arrive et papa l'emmène aux urgences. Résultat : poignet cassé et fête de noël compromise, je ne suis pas fier ; mon pistolet est confisqué.

Pour les vœux de la nouvelle année, nous allons rendre visite à nos cousins. La journée commence par un repas chez grand-mère qui nous accueille avec beaucoup de gentillesse.

Après l'école primaire du village, j'entre au collège de Frasne. Je participe au cross des collèges. C'est un rendez-vous obligatoire. Nous rencontrons d'autres écoles, ce qui permet de mesurer nos talents respectifs. À la fin, un goûter clôture la compétition. **Mon goût pour le sport commence à s'affirmer…**

A l'époque, les seuls sports pratiqués sont le foot et le vélo. Une fois par semaine, nous montons à La Planée, un petit village situé à côté de La Rivière-Drugeon. Les lacets sont nombreux, ça monte dur et nous nous identifions aux coureurs du tour de France en train de gravir l'Alpe d'Huez ! Certains de mes camarades ont un vélo de course. Moi, j'ai un

Etang gelé

routier avec de gros pneus et un garde-boue. C'est encore plus dur, mais j'ai plus de mérite ! Je me souviens aussi des marcheurs et coureurs à pied que nous suivons en vélo. Ils grimacent et la souffrance se lit sur leurs visages. Je leur porte de l'eau et je les encourage. **Je ne sais pas encore qu'un jour j'endurerai, moi aussi, tout cela.**

L'automne venu, nous avons des cours de gymnastique. Nous devons porter des ballerines comme les petits rats de l'Opéra. Le commis du boucher fait du judo à Pontarlier. Il m'invite pour participer à ses séances d'entraînement. C'est ainsi que je fais la connaissance de Jean Pourchet, un grand champion qui vit encore de sa passion. Professeur de judo à 22 ans, il anime le club de Pontarlier. Trente-sept ans plus tard, il est toujours fidèle au poste. En France, le judo apparaît dans les années 30, mais il se développe surtout après la 2ème guerre mondiale, pour franchir en 2003, la barre des 580 000 licenciés. Au championnat du monde de Vienne, en 1975, Jean-Pierre Rouge devient le premier champion du monde français. Je le rencontre un soir à Pontarlier. Ce jour-là, tout le club combattra contre lui. Je ne suis pas resté longtemps debout ! Les entraînements sont intenses, je rentre courbaturé après des séries de cent pompes ; nous ne disons rien sinon c'est la double sanction.

Dès les premiers flocons de neige, les luges dévalent toutes les pentes du village. Nous organisons des convois : l'un d'entre nous se positionne à plat ventre sur sa luge, prend avec ses pieds une deuxième et ainsi de suite. Aujourd'hui, je me demande comment il n'y avait pas plus d'accidents, surtout quand un convoi se mettait en travers. Certains de mes camarades possèdent des skis. J'insiste auprès de mon père et je le harcèle pour en avoir une paire. Enfin, un jour il prit la décision de rendre visite à mon grand-père à La Pérouse. C'est finalement lui qui me les offre. Ils font deux mètres de long ! Je les vois encore. Papa ne parvient pas à les mettre dans sa 2 CV ! Finalement, judicieusement, il réussit à les glisser par l'arrière en les passant sous les sièges. Dès le lendemain, je fais mes premiers pas après avoir fait fondre la cire d'abeille pour une meilleure glisse. Quelle joie !

Avec du recul je me dis : « il était là le bonheur », j'en suis conscient car j'ai apprécié toutes ces périodes. Quelquefois, elles étaient très difficiles. J'ai eu l'immense douleur de perdre mon frère Michel, le 16 mars 1974. Il avait 12 ans et il a été écrasé par une cage à lapins qu'il était en train de déplacer. Son ami Christian l'aide ; mais il est tard et son copain doit rentrer chez ses parents. Plutôt que d'attendre le lendemain, Michel poursuit le travail seul. Mais la cage bascule sur lui, le broie et l'étouffe ! Il était très bricoleur, il adorait la nature et les animaux. D'ailleurs, il possédait une chèvre qui le suivait partout. Son départ brutal a été très traumatisant pour toute notre famille. Personnellement, j'éprouve beaucoup de difficultés à comprendre cette mort et je n'aime pas en parler.

La 2 CV de mon père est utilisée pour les grandes sorties. Elle est souvent en panne. Nous utilisons une grande manivelle ou nous la poussons dans les descentes pour la démarrer. Un jour, papa nous fait une grande surprise : il arrive au volant d'une belle 403 noire ! Aussitôt, je mets les mains sur ce gros volant et j'invente tous les bruits possibles tels que le changement de vitesses et le crissement des pneus dans les virages. Maman nous appelle pour manger. Après le repas, papa veut mettre la clé dans le «neiman» (système anti-vol) mais impossible ! Je prends

une « rouste » et je suis très malheureux : la voiture de papa est cassée et c'est de ma faute ! Papa fait appel à un garagiste et en quelques secondes, celui-ci parvient à rétablir la situation.
À force de tourner le volant, j'avais bloqué le « neiman » !

Grande Rue la Rivière Drugeon

La ferme de mon père demande à être rénovée, le propriétaire ne veut rien faire c'est donc la mort dans l'âme que papa a dû quitter la ferme et le monde paysan…

Il est embauché à la coopérative laitière de Bannans pour s'occuper de la porcherie. Cette importante fromagerie qui réunit une dizaine de petites fruitières, a été créée en 1969. Pendant plusieurs années, elle a connu des difficultés au démarrage. Aujourd'hui, c'est devenu la florissante coopérative des Monts de Joux qui fabrique, entre autres, environ 50 % du mont-d'or et 45 % du morbier régional, deux appellations d'origine contrôlées qui, avec le comté, sont la fierté de la Franche-Comté.

Il termine sa vie active à la société Romanzini, célèbre fabrique d'escargots, jusqu'en 1990, année où il a pris sa retraite.

À l'issue de ma classe de cinquième, je suis inscrit à l'école d'agriculture de Pontarlier. Ensuite j'entre dans une école de mécanique à Belfort où je passe mon CAP de tourneur sur métaux.

À 17 ans, je pars plusieurs jours faire du ski entre Val d'Isère, Tignes et le sommet de la Grande-Motte à 3 676 mètres. Un immense manteau neigeux recouvre toutes les montagnes. C'est fabuleux ! Cette petite escapade me donne soif de découverte. Je m'imagine déjà sans mes parents, loin des frères et sœurs que l'on supporte depuis de nombreuses années.

Pendant ma période d'adolescence, je veux toujours être plus âgé ! À 14 ans c'est plutôt 15 ans, à 18 ans, je veux en avoir 20. Et puis les années défilent, on voudrait bien se rajeunir. Pour moi, c'est une période de découverte, par moi-même. À l'époque, beaucoup de sujets sensibles sont tabous !

Séchage des coquilles (Romanzini)

Je n'ose pas les soumettre à mes parents. Je crains qu'ils ne me comprennent pas.

Mon premier départ de la maison a lieu lors de la préparation de mon CAP à Belfort. Je refais le monde avec les copains. Les premières sorties sans avoir à demander la permission aux parents ; c'est la fête avec les copains, le point de départ vers le monde adulte, la fierté de se sentir seul mais toujours sous le contrôle des parents. Je garde un bon souvenir de la période des conscrits, tradition qui perdure dans les campagnes du Haut-Doubs.

En fin d'année nous allons rendre visite au maire, à tous les conseillers municipaux et ensuite, à tout le village. La fête dure un mois ! C'est la joie pour tout le monde, celui qui reçoit et celui qui rend visite ! Nous déambulons dans le village à la recherche d'objets en tout genre que nous transportons jusque sur la place. C'est la période folle, la période de tous les excès !

J'accomplis mon service militaire au 4ème régiment de hussards de Besançon-Valdahon, où je fais mes classes. Je pars ensuite à Carpiagne à côté de Cassis dans le sud de la France. Cette région a été ravagée par un incendie. Nous sommes chargés de creuser des trous pour replanter des pins et autres essences. Après avoir déposé de la terre près des chemins, nous remplissons nos casques lourds et faisons la chaîne sur 300 m. J'ai appris la discipline et le partage, bien que cette notion de partage soit déjà bien ancrée avec mes frères et sœurs.

Après l'armée, j'entre dans la vie active. Le 2 août 1976, à 19 ans, je suis embauché comme magasinier au CHU de Besançon. Je viens de rencontrer ma future épouse, Martine, qui travaille au secrétariat de l'hôpital. Dès la deuxième année, je participe à des formations. J'en ai suivies une quinzaine de deux jours à trois semaines auprès d'organismes parisiens spécialisés dans la gestion. Je me marie le 6 septembre 1979.

À 22 ans, je prends la décision de construire ma maison. Le 7 mars 1979, j'ai rendez-vous avec Monsieur Gilbert Brenet, Maire de la commune de Mamirolle. Il me propose un terrain situé sur un petit lotissement, à 100 m de l'école primaire. Comme je n'ai pas beaucoup d'argent, je décide de réaliser la majorité de la construction moi-même. Rapidement, j'attaque les fondations à la pioche ! Le 26 février 1980, à 14 h 15, je pose la première pierre avec mon père et la grande aventure commence ! Dans la famille, nous sommes tous des bâtisseurs et ce sera une belle expérience. Je travaille dans ma maison tous les soirs après mon service à l'hôpital et tous les week-ends. Le samedi, mon père vient m'aider et c'est un réel plaisir de bâtir avec lui. J'apprends tout sur le terrain et notre construction prend forme. Nous sommes sur le chantier dix à douze heures par jour et par tous les temps. Comme à mon habitude, tout va bien et rien ne me perturbe !

Les vacances sont, bien sûr, entièrement consacrées aux travaux. Avant de prendre possession du terrain, j'ai acheté, dans une forêt de Frasne, cinquante mètres cube de bois pour la charpente, les parquets et toutes les baguettes de bois utilisées dans la maison. Les journées sont éprouvantes, trop longues, la fatigue se fait sentir.

Le 29 mai 1981, un an, trois mois et trois jours après la pose de la première pierre, c'est le déménagement ! Le 31 mai, nous nous octroyons quelques jours de vacances à Cabris, un petit village situé à 5 km de Grasse dans les Alpes-Maritimes. Pendant notre absence, mon oncle Michel, l'ébéniste, vient poser la cuisine. Nous voilà donc partis avec notre 4 L. Arrivés à Quingey, à 20 km de Mamirolle, c'est la panne sèche ! Une brave dame nous donne quelques litres d'essence pour rallier la station-service la plus proche. J'ai mis cela sur le compte de la fatigue accumulée pour la construction. Au retour, coïncidence, de nouveau, panne sèche à Quingey ! Cette fois, je pense que nous étions trop pressés de voir notre maison terminée ! Je siphonne quelques litres d'essence dans une casse de voitures qui, heureusement, se trouve à proximité de la chaussée !

Le premier octobre 1982, c'est la naissance de mon fils Florent, un heureux événement que je partage avec mon voisin Luc Poirot et son épouse Jeanine.

Le 1er garçon de la famille Mairot, je suis content et mes parents en sont très fiers. Les joies de la paternité illuminent mon quotidien ; c'est une étape de la vie que l'on partage en famille.

Mes débuts sportifs

La jeunesse n'est pas une période de la vie, elle est un état d'esprit, une victoire du courage sur la timidité. Le jeune est celui qui s'étonne, s'émerveille, défie les événements et trouve de la joie au jeu de la vie.

À douze ans, les premiers compétiteurs que je rencontre campent près de la maison de mes parents. Je les suis lors de leur bivouac. Après avoir allumé le feu entre quatre pierres, ils préparent le repas du soir. Je reste avec eux toute la soirée et ils m'invitent à partager leur soupe. Je suis en admiration pour cette vie et leur passion.

Arrivé à Mamirolle, je m'inscris au club de foot, c'est un bon moyen pour faire connaissance avec les habitants du village et s'intégrer. Ensuite, ce sera le tennis de table. En hiver, sorties à ski avec Alain Brenet, Bernard Compte et Jean-Marie Barbotte qui sont de très bons skieurs.

Je partage mon temps libre avec Michel, Jean-Marie et Thierry qui pratiquent le tennis. Ensemble, nous créons un club avec l'aide de la commune. L'année suivante, ce sera la victoire de Yannick Noah. Nous étions tous captivés par cette ascension fulgurante d'un sportif français, et je me souviendrai toujours de cette mémorable journée. Le tennis a le vent en poupe ! Nous organisons alors un tournoi annuel avec les enfants et les adultes. Michel, un passionné met tout en œuvre pour développer ce sport qui se démocratise.

Mon travail à l'hôpital m'intéresse et la motivation m'a conduit très rapidement à suivre des formations en externe. Après quelques mois, je remplace le responsable du magasin lorsqu'il est en congé. Le directeur général réside sur place. Dans ce petit hôpital, l'ambiance est familiale, sa conception en zone pavillonnaire contribue à cet état d'esprit. Les employés se rencontrent à l'Amicale du personnel, association très dynamique. Huit ans plus tard, nous préparons notre déménagement à l'hôpital Minjoz, nouvelle structure, plus récente, plus moderne. Il faut s'intégrer, s'organiser, les méthodes de travail ont évolué. On parle de plus en plus d'hygiène dans tous les domaines. Les demandes de formation ne sont pas très nombreuses, alors dès que je présente un dossier, celui-ci est tout de suite accepté. En 1986, je pars deux fois quinze jours à Paris pour suivre des cours sur la gestion des stocks. La rencontre avec d'autres agents venus de différentes régions est très intéressante et enrichissante.

Lors d'un stage suivi en 1984 dans le Var, je découvre la planche à voile avec Alain. Les débuts sont laborieux, les chutes se multiplient. Un jour, par grand vent, le moniteur nous installe des petites voiles, je monte sur la planche, deux personnes me stabilisent, le vent s'engouffre dans la voile et je suis catapulté d'une force inimaginable sur cinq mètres ; les chutes se terminent dans la voile ou sur la planche. À la fin du stage, j'ai le corps recouvert d'hématomes mais je suis tout de même content d'avoir découvert ce moyen de naviguer et surtout d'avoir fait la connaissance d'Alain et Fabienne qui résident en Moselle. Le matériel évolue constamment ; alors nous échangeons ou nous revendons régulièrement nos planches à voile pour suivre l'évolution de cette nouvelle technologie. Mon ami Jean-Marc fait du canoë en compétition ; il connaît bien le carbone et le Kevlar. Avec la complicité des vendeurs d'Intersport, nous réalisons des ailerons pour nos planches à voile. Quelques-uns sont vendus pour pallier à nos frais. Nous avons même réalisé des surfs pour glisser sur la neige.

Pour être toujours en forme, je cours deux à trois fois par semaine quarante-cinq minutes à une heure et je participe aux compétitions inter-hospitalières ce qui me permet de découvrir d'autres régions. Semi-marathons et autres petites courses régionales font partie de mon programme. Ces courses se déroulent très souvent sur route.

Les trails n'existent pas encore. On appelle ces courses, des cross, tout simplement ! L'hiver, ce n'est pas toujours agréable, il fait froid, je rentre « crotté » de la tête aux pieds. Je préfère le ski alpin. À l'époque, les stations ne sont pas encore envahies par tous les touristes. Le domaine des Alpes est grandiose et les tartiflettes, les boîtes chaudes, les soirées au coin du feu sont de grands moments de partage et de convivialité, le bonheur tout simplement !

La loue-Lison

En 1986, j'ai eu mon premier VTT de marque Giant, que j'ai toujours gardé. Je visite notre région autrement en restant au cœur de la nature ; voilà une manière de faire du vélo en pouvant quitter nos routes surchargées et souvent dangereuses ! Avec des amis adhérents à ce nouveau moyen de locomotion, nous organisons des sorties à la journée dans les magnifiques paysages francs-comtois. Plusieurs clubs voient le jour et c'est ainsi que nous participons à la première « rando » la loue-Lison.

Au printemps 1987, grand rendez-vous des médias pour enregistrer et filmer ce grand serpent de vététistes qui s'élancent pour deux jours de randonnée. Après quelques kilomètres au bord de la Loue jusqu'à Vuillafans, nous gravissons un sentier très raide direction Chateauvieux-les Fossés, une des plus petites communes de France avec seulement sept habitants. Après cet effort terrible, les organisateurs nous attendent. Le premier classement se fait, afin de constituer des groupes homogènes.

Je crève ma roue arrière dans la boue ! Nous ne sommes pas en Formule 1 avec sept à huit secondes pour réparer ! C'est plutôt une demi-heure, voire une heure mais rien ne me décourage. L'entraide et la convivialité prennent le dessus. Le soir, nous arrivons couverts de boue à Bolandoz, un petit village situé à une quinzaine de kilomètres au-dessus d'Ornans.

Nous passons la nuit à la colonie. Lorsque nous étions gamins nous allions rendre visite à mon oncle fromager du village, nous assistions au retournement des comtés encore frais. Il nous découpait la « rognure » en faisant habilement le tour de la meule avec son couteau.

Par la suite, nous participerons à toutes les premières randonnées VTT organisées dans notre région : Villers-le-Lac, Lons-le-Saunier, les lacs du Jura. La Forestière, avec ses 100 km, restera une belle compétition entre Lamoura et Oyonnax. Ce sport me permet d'aller dans des endroits différents et souvent perdus. Nous nous identifions à des explorateurs ! Les sorties avec Pascal, Dominique, emmenées par Patrick, sont des parcours qui avoisinent les 80 km et restent des souvenirs mémorables.

Mémorable aussi ma compétition à Ornans avec la descente de la Loue en canoë. Le retour au pas de course pour terminer en VTT. C'est Olivier et ma sœur qui me prennent au passage. Ils me soutiennent dans ce triple effort. Olivier a pour consigne de mettre sur mon VTT mon bidon resté au frais à la dernière minute. Lorsque j'arrive pour prendre le vélo, il a été surpris de me voir si tôt. Je pars sans bidon, je hurle « ce n'est pas possible ! ». Il essaye de me rattraper en courant. Très vite il retourne dans sa voiture et part à ma poursuite. En montant sur les hauteurs d'Ornans, il veut éviter un cycliste, s'écarte du chemin et perd le contrôle de son véhicule. Il dévale un talus sur cent mètres. C'est un arbre qui retient sa voiture pour ne pas basculer. Et moi je n'ai toujours pas de bidon. La journée n'est pas terminée, je suis à la troisième place, tout proche de l'arrivée. Roue dans roue avec le deuxième, quand nous apercevons la balise qui nous indique de tourner à gauche, nous freinons au dernier moment. Je bute dans sa roue et c'est la chute sur l'épaule, la catastrophe. Je remonte difficilement sur mon VTT pour rejoindre l'arrivée. Je m'écroule dès la ligne passée et me retrouve aux urgences : résultat, luxation de l'épaule. Le bras immobilisé, les pompiers me ramènent sur les lieux pour assister à la remise des prix. Olivier ne réussira pas à dégager sa voiture, il faudra l'intervention deux jours plus tard d'un engin forestier. Quelle journée ! Plus de voiture pour le retour et une épaule en compote...

J'aime cette ambiance sportive et diversifiée. Le ski et ses soirées autour du feu à déguster une raclette, le VTT, le tennis, la planche à voile, la course à pied pour garder la forme l'été avec les randonnées en montagne. Je commence à initier mon fils Florent dans ce sens. Ce n'est pas facile, mais il faut trouver le bon compromis. Près de Chamonix, aux Houches, un parc animalier est installé en montagne. Dès l'arrivée, le responsable du parc nous distribue un document : nous devons trouver et cocher notre passage après avoir débusqué et identifié les animaux. Florent s'en donne à cœur joie et gravit

les six-cents mètres de dénivelé sans se plaindre. La montagne m'attire, je m'y sens bien ! La vie est agréable, toutes ces années passées, les personnes savaient garder l'esprit de convivialité, d'entraide, la moindre petite chose se transformait en bonheur. Le confort matériel de nos jours tue cet esprit de partage et le monde est malheureux.

Découverte de la Vanoise

En 1988, sur une revue sportive, je trouve des informations intéressantes concernant l'UCPA (Union Nationale des Centres Sportifs de Plein Air). Un ami m'avait déjà parlé de cet organisme qui propose des séjours de vacances sportives. Je remplis une demande de catalogue et la semaine suivante je découvre le contenu. Je suis attiré par plusieurs stages de course à pied : « La Vanoise Grande Course et La Vanoise Marathon ». J'opte pour la semaine « Vanoise Marathon », mais quelle surprise quand je reçois le programme ! J'ai surestimé mes capacités : trop long, trop dur, je ne pourrai jamais finir les étapes. Je prends contact avec l'organisateur pour m'orienter vers « la Vanoise Grande Course », le niveau inférieur. Il finira par me convaincre de rester sur sa première proposition…

Me voilà parti, en début d'été, par le train, avec mon sac à dos pour un nouveau départ dans une activité sportive que je ne connais et ne maîtrise pas du tout : la course à pied sur des longues distances dans le parc de la Vanoise qui se situe en Savoie. C'est le premier parc national créé en France en 1963. À cette époque, on déplore la quasi-disparition du bouquetin des réserves naturelles. J'arrive à la gare de Modane. Je suis attendu par deux responsables de l'UCPA. Distribution d'un mini sac à dos contenant des fruits secs, des barres de céréales, de l'eau et le petit groupe de quinze personnes est prêt pour l'aventure, direction le refuge Péclet-Polset. L'altitude est alors de 2 474 mètres. Le matin du deuxième jour, les jambes sont encore lourdes, nous sommes tous courbaturés. Les premiers kilomètres sont durs, il faut remettre en marche tous les muscles pour retrouver plaisir à courir dans ce décor magnifique. Le soleil est présent, c'est un décor de carte postale : des oiseaux, des marmottes, des cascades ; rien n'arrête notre expédition ! Les douleurs matinales sont vite oubliées. Nous partons le matin après le petit déjeuner pour arriver l'après-midi dans un centre UCPA. Les échanges sont sympas et le groupe est homogène. Après les étirements et une bonne douche, la sieste est très appréciée. Les bras et les jambes sont brûlants, le soleil a déjà fait son travail.

Au centre UCPA de Tignes, nous croisons les stagiaires qui participent à toute sorte d'activités : ski d'été, tennis, randonnée, VTT, tir à l'arc, équitation, etc… Dans ces immenses étendues, nous avons le temps d'observer faune et flore sans chronomètre. C'est agréable de courir à travers cette magnifique nature en gambadant comme des cabris. Tout se déroule bien et je garde un excellent souvenir de cette belle aventure.

Vers la fin de l'année 1988, je cours régulièrement 30 à 40 km par jour. Mes chaussures ne sont pas toujours de bonne qualité et, inévitablement, je souffre de tendinite. Mon médecin me conseille de ralentir et même de faire une coupure. Si je veux continuer cette activité, il va falloir prendre des décisions et faire des choix. Je ne peux pas continuer à faire du tennis, du VTT, du ski, de la planche à voile, du cross et me donner à fond dans tous les domaines !

Le seul sport où l'on peut côtoyer des professionnels et des champions lors des compétitions, c'est la course à pied. Les meilleurs, les cracks, les vedettes sont là, sur la ligne de départ, et j'aime cette convivialité. Ce sera donc le sport que je choisirai !

Stage de course à pied

En 1989, je prends la décision de participer à un stage de course à pied organisé par un ancien grand coureur de fond, Serge Cottereau. Je reçois la confirmation de mon inscription. Je suis surpris par l'adresse où allait se dérouler cette formation : Saint-Affrique ! Je n'aurais jamais situé ce lieu en France et pourtant c'est une petite ville du sud de l'Aveyron à 30 km de Millau, où l'on fabrique le Roquefort.

Serge Cottereau me met tout de suite à l'aise. Après les présentations, il nous explique le déroulement des journées de course à pied. Tôt le matin, petit déjeuner, ensuite discussion sur les expériences des uns et des autres, sur un thème concernant la course à pied ou l'alimentation. Nous avons des séances de sophrologie, science qui nous apprend à respirer. Nous sommes à l'écoute de notre corps, nous apprenons à nous concentrer dans la pénombre. Cela nous permet de détendre nos muscles, de nous vider et de nous retrouver dans une phase de bien-être. Cette science est le plus souvent pratiquée après l'effort.

Serge court à nos côtés, nous aide, nous conseille, répond à toutes nos interrogations. C'est un grand sage ! Courir intelligemment, intégrer des passages de marche lors de nos entraînements et respecter une hygiène de vie alimentaire ce qui n'est pas toujours simple car les tentations sont fréquentes. Tout ceci contribue à notre progression.

Mon premier marathon

Une fois par semaine, je me rends au stade de Besançon pour travailler ma vitesse. Les séances sont intenses, mais c'est un passage obligatoire pour progresser. Il faut savoir maîtriser son énergie, se donner à fond mais en garder sous les semelles, c'est-à-dire, après deux heures de course, être capable de se dire, je peux encore faire une séance de cinq kilomètres. C'est cela la clé de la réussite : entraînements, sophrologie, étirements, alimentation. Lorsque l'on intègre ces quatre éléments on ne peut que progresser. J'en suis convaincu et je me sens de mieux en mieux sur les courses de 10 à 15 km et semi-marathon. Je suis sur un petit nuage ! Les entraînements se suivent à raison de six sorties par semaine. Je commence mon travail à l'hôpital à 6 h du matin et je termine à 14 h. Chaque entraînement est réalisé à la sortie de mon travail et je suis à la lettre tous les conseils de Serge.

Nous sommes fin octobre 1989 et, au mois d'avril, je me suis donné comme objectif de courir mon premier marathon à Annecy. J'ai six mois pour être au top le jour J mais j'ai déjà la pression ! Vais-je réussir à terminer les 42,195 km ? Je refais dans ma tête des centaines de fois le parcours qui représente presque la distance de Besançon, aux environs de Pontarlier. Cela fait peur ! Les mois passent et l'entraînement se déroule très bien, c'est de bon augure. Je suis confiant, je ne suis pas du genre à baisser les bras. Le mois d'avril arrive, tous les feux sont au vert.

Je pars seul ce dimanche matin de bonne heure pour Annecy. Je rejoins la ligne de départ. Des centaines de coureurs s'échauffent avant la compétition. Je n'ai pas reconnu le parcours ; ce sera pour moi une grande découverte. Je récupère mon dossard numéro 712. Le temps est beau, il ne fait pas trop chaud. Tout le monde est dans l'arène : les petits, les grands, les jeunes, les anciens, nous sommes environ 7 000 ! Je ne ressens aucun stress. Je me sens bien, j'ai l'impression de partir à l'entraînement, j'ai des ailes ! Le top départ est donné à neuf heures. Un long serpent déambule autour du lac d'Annecy. C'est magnifique ! Dès le départ, la cadence des premiers se fait sentir, des espaces se créent, chacun prend sa place dans cette longue chaîne humaine. Tous les 5 km, je prends le temps de me ravitailler, je bois de l'eau additionnée de compléments énergétiques autorisés, c'est très important. Je ne sais pas où je vais ; comment mon corps va-t-il réagir tout au long de ces kilomètres à parcourir ? Je me suis donné comme objectif de réaliser ce premier marathon en quatre heures, voire plus. J'ai ainsi divisé cette distance en tranches de 5 km à courir en trente minutes environ. J'arrive au 25ème kilomètre et je découvre mon temps : deux heures, tout va bien !

C'est à ce moment-là que je rencontre sur le parcours, l'ASPTT de Besançon, des cracks qui pensent réaliser le parcours en 3h30'. Je prends peur, je me dis, tu es en train de griller toute ton énergie. Bien souvent Serge Cottereau me rappelait de faire attention, surtout sur des longues distances. Il me disait :

« - Avant le départ d'une longue course, tu as un réservoir d'énergie avec un carburant ordinaire et un autre avec un supercarburant. Si, dès le départ, tu veux aller trop vite, c'est le réservoir de super-carburant qui est utilisé, alors tu finiras avec le carburant ordinaire c'est-à-dire au ralenti ».

Aussitôt je ralentis pour ne pas finir « à l'ordinaire », c'est-à-dire en galère, 5 km plus loin. Curieusement, je ne me sens pas très bien, je mouline, je ne suis plus dans mon tempo. Alors après réflexion, je double les coureurs de l'ASPTT. C'est mon jour ! Je décide de courir à mon allure. Au 35ème kilomètre, je me sens très bien, la préparation était à la hauteur de cet événement. À partir du 36ème, les kilomètres ne sont plus marqués de la même façon : ils nous indiquent ceux qu'ils nous restent à parcourir au lieu des kilomètres parcourus. À un moment donné, je vois la pancarte 6 km ! Dans ma tête ce n'est rien par rapport aux 42 km. Ma force est multipliée ; à ce moment-là, je sais que j'irai jusqu'au bout quoi qu'il arrive ! Adieu l'ASPTT, je gère ma course, je suis déjà sur un petit nuage, je vois l'entrée de la ville d'Annecy, les premiers spectateurs qui nous encouragent, le bout du lac, l'endroit où nous avons pris le départ. 42,195 km, je n'y crois pas, je croise le regard de ma sœur Marie-Thérèse et de son mari, c'est le plus beau jour de ma vie ! J'ai mis seulement 3h19 mn alors que je pensais le faire en quatre heures ou plus… Je suis classé 359ème sur 7 000 participants. Pas mal pour un premier marathon ! Je suis heureux de retrouver ma petite sœur, je suis au bord des larmes ; j'imagine l'annonce à tous mes amis, je suis **ma.ra.tho.nien !**

Je dois maintenant récupérer, car mon organisme a été mis à rude épreuve. Il faut recharger les batteries : repos, étirements, petites foulées pendant quatre à cinq jours. Je n'ai aucune blessure, ma récupération se passe bien. Je sais qu'il ne faut pas courir plus de deux ou trois marathons dans l'année, car c'est traumatisant pour l'organisme. Alors je participe à des petites courses de 10 ou 15 km. Il faut du temps au corps pour récupérer et retrouver sa forme. Quand l'hiver arrive, s'il fait froid, je pense vaguement qu'il fait froid et s'il fait chaud je dois penser vaguement à la chaleur. Si je suis content, je pense bonheur et le fait d'être et de vivre en harmonie avec la nature, tout en pratiquant du sport, me donne toute l'énergie dont j'ai besoin.

En 1991, je suis au départ du marathon de Dijon. Toujours attentif pour ne pas commettre d'erreur, j'arrive la veille chez des amis qui voudraient m'aider dans ma préparation, en commençant par un bon repas. Je dois leur rappeler que demain je dois être performant et pour cela pas d'excès, simplement un grand plat de pâtes, avec de l'eau plate.

Le stress monte depuis une semaine, mais au fur et à mesure que l'échéance arrive, j'éprouve à chaque fois un bien-être et, au départ, j'ai le sentiment d'être dans la nature. Je suis détendu, calme, à l'écoute de mon corps, prêt pour la course. Ma préparation commence à quatre heures du matin. Je prends mon petit déjeuner à base de lentilles, mon corps accepte bien ce rituel. Le départ est donné à neuf heures, sur une longue ligne droite de plusieurs kilomètres qu'il faut refaire au retour ; c'est là que je dois être serein et garder du super. J'ai précieusement enregistré dans ma tête toutes les bonnes informations suite à mon premier marathon. Ne pas partir trop vite sur le premier kilomètre, entre quatre à cinq minutes, c'est ce premier kilomètre qui conditionne toute la course. Nous ne sommes pas très nombreux. Les écarts grandissent, je me rallie tout de suite à un groupe. Il ne faut surtout pas rester isolé, mais attention au danger si le groupe est trop fort ! Je prends le soin de m'arrêter à tous les ravitaillements, c'est-à-dire tous les 5 km. La préparation est parfaite, je suis motivé, j'admire le paysage, nous sommes en automne et la température est idéale pour courir ; je passe à mi-parcours avec treize minutes d'avance sur mon premier marathon à Annecy. C'est tout bon ou tout mauvais ; soit je suis parti trop vite et je vais le payer à la fin, soit je suis bien et ce sera un record pour moi. J'aurai la réponse dans 21 km… Aucun signe de défaillance, j'arrive dans la dernière ligne droite tant redoutée, je serre les dents ; des spectateurs nous encouragent, je tiendrai jusqu'au bout. Résultat : vingt-trois minutes de moins ! 66ème en 2h56 mn. Ce fut une belle course au pays de la moutarde !

Je suis abonné à des magazines grâce auxquels je m'évade et je rêve de voyages… L'année prochaine, je me prépare pour partir au Canada. Courir ; c'est aussi un moyen de mieux se connaître, de découvrir sa véritable nature. On se met à l'épreuve de la douleur, on surmonte la souffrance, corps et esprit sont liés.

La tête dans le guidon

L'année 1992 est riche en émotions avec différentes courses : 10 km à Paray-le-Monial, 11 km à Pontarlier,17 km à Salins, 21 km à Besançon, 23 km à Labergement-Sainte-Marie, 24 h à Montbenoît en course relais, quatre marathons : Paris, Zurich, Neuf-Brisac, Orléans et une expédition au Canada. J'ai du mal à croire que cette année 1992 ait pu engloutir autant de courses. Je suis au sommet de mes rêves et de ma forme. Les conseils de Serge sont encore tout frais, je les suis à la lettre ; ils me permettent de progresser et de réussir, alors pourquoi ne pas continuer dans cette dynamique ? C'est le dimanche 19 juillet 1896 que 191 coureurs prennent le départ du premier marathon parisien qui sera gagné par le britannique Len Hurst, en 2 h 31 minutes et 30 secondes. Il empochera deux-cents francs de l'époque. En 2013, 41 200 marathoniens issus de dix nationalités différentes ont pris le départ du 36e marathon de Paris sur les Champs-Élysées. C'est le Kenyan Peter Sone qui gagne en 2 h 05 minutes 36 secondes. En un siècle, on a gagné vingt-six minutes ! La première femme, Boru Todèse, éthiopienne, établit un nouveau record féminin en 2 h 21 minutes et 6 secondes. Ils empocheront chacun 50 000 €. C'est l'une des rares épreuves sur route à pratiquer la parité homme-femme pour les récompenses.

Marathon de Paris

Le 29 mars 1992, il ne fait pas chaud ce dimanche matin à Paris mais nous n'avons pas froid, entassés comme des sardines sur la ligne de départ. Impossible de bouger, nous restons quarante-cinq minutes avant le coup de fusil libérateur ! Les besoins urgents se font sur place… Après le départ, c'est un champ de bataille : plastique et vêtements en tous genres jonchent le sol. Il faudra plus d'une demi-heure au dernier pour s'élancer, direction Place de la Concorde, Rue de Rivoli, pour arriver au cinquième kilomètre Place de la Bastille ; pas le temps de visiter, il faut rejoindre le Château de Vincennes. Pour nous, petits campagnards, c'est extraordinaire de découvrir tous ces lieux traversés. Nous enchaînons avec Le Bois de Vincennes et revenons dans le 12e arrondissement par la rue de Charenton pour admirer la cathédrale Notre-Dame de Paris, ensuite le musée d'Orsay, et la tour Eiffel ! C'est vraiment un marathon touristique, c'est beau et différent des chemins de campagne. À la Porte d'Auteuil j'ai déjà parcouru 32 km. Les jambes sont lourdes et les premières douleurs se font sentir, il faut alors affronter le Bois de Boulogne avant de rejoindre l'arrivée, Avenue Foch. Je termine à la 952ème place sur environ 12 000 compétiteurs. Luis Soarès, un français, natif du Portugal, gagne la course en 2 h 10 mn et 3 secondes, record de France.

Zurich

Des souvenirs plein la tête ! Le samedi 27 mai 1992, je suis à Zurich pour découvrir le marathon tracé sur un parcours de 7 km à réaliser six fois. Mon fils Florent est là pour m'encourager. Il m'accompagne à chaque passage et s'arrête à tous les ravitaillements ce qui amuse les organisateurs. C'est la première fois que je cours un marathon en boucle. Très vite j'ai le parcours en tête, les difficultés reviennent à chaque tour, les douleurs aussi. Je termine à la 15ème place sur 1 500 concurrents. Pas mal, je suis satisfait ! À l'arrivée, je demande aux organisateurs pourquoi ils ont choisi un samedi pour organiser cette course. La réponse ne se fait pas attendre : « le dimanche nous faisons bombance ». Ils sont drôles ces Suisses !

Sur la route du retour, j'offre à mon fils, qui est fan de foot, un match à Lausanne. Les bleus de l'équipe de France jouent un match amical contre les Suisses. Je suis fatigué, j'ai les jambes lourdes et nous ne sommes pas à l'heure mais nous arrivons juste pour le coup d'envoi. Les Français Basile Boli, Laurent Blanc, Didier Deschamps, Bixente Lizarazu, Jean-Pierre Papin ne réussiront pas à battre les Helvètes. Score final : 2-1. Dommage, mais quelle belle journée ! Florent est sur un nuage.

Le Canada

L'été approche et mon projet va se réaliser : partir au Canada avec mon épouse Martine et mon fils Florent. C'est la première fois que nous prenons l'avion sur un long parcours. À Orly, nous apprenons que nous voyageons sur un Boeing 747. À travers les baies de la salle d'attente, je découvre un monstre de 70 m de long qui peut accueillir 524 passagers et qui atteint une vitesse de 913 km/h. Il impressionne, le bougre ! Nous sommes assis à l'arrière ; au décollage, quand l'avion prend de la hauteur, cela ressemble à un immense toboggan !

Nous atterrissons à Toronto au bord du lac Ontario. C'est le plus petit des Grands Lacs. Il reçoit les eaux du lac Erie, par la rivière Niagara et se jette dans le Saint-Laurent. Le lendemain, en bateau nous approchons les chutes du Niagara, impressionnantes par leur largeur de 945 m. Cependant, elles ne sont pas très hautes, 58 m seulement. Après avoir enfilé la tenue obligatoire : ciré, pantalon et chapeau jaunes, nous avançons, tel un troupeau de pingouins, sur le bateau. Je comprends vite l'utilité de ce nouveau costume en approchant les chutes. Le vent transporte des millions de gouttelettes d'eau qui nous fouettent le visage. Renommées par leur beauté, les chutes du Niagara sont aussi une source immense d'énergie hydro-électrique. Après le bateau, nous prenons l'hélicoptère

pour apprécier ce décor. Dès que l'on prend de la hauteur c'est une vue à 360° qui s'offre à nous. En soirée, les jeux de lumière captivent le regard sur cette merveille de la nature.

Le soir, je chausse les « Runings », à la découverte d'une terre inconnue. Dans chaque quartier je rencontre des gens de couleur qui s'entraînent au basket. J'admire l'habileté et la précision avec lesquelles ils marquent des paniers. La découverte du Canada passe par Kingston Ottawa situé en Ontario. À proximité, nous visitons le village d'Upper-Canada. C'est une expérience magnifique qui nous transporte dans le temps jusque dans les années 1860. Des bâtiments authentiques composent le village. Les habitants vivent là pendant la saison touristique et sont chargés de faire revivre ce village comme au 19ème siècle. Ils sont vêtus de costumes d'époque. Je suis vite attiré par les arômes alléchants du pain frais du boulanger qui prépare la pâte à partir de la farine moulue à la minoterie à vapeur. La scierie, un simple bâtiment à charpente en bois, abrite une seule scie verticale actionnée par la force hydraulique. C'est un exemple typique d'une petite scierie de campagne. Tous les bois d'œuvre doivent être sciés au moyen d'une scie de long. Cette méthode, je l'ai encore vue pratiquée au Népal en 2008. Elle exige le travail de deux hommes, l'un dans le fossé et l'autre debout sur la bille de bois. À la forge, on peut voir le forgeron qui chauffe et ramollit le métal. Il le porte ensuite à l'enclume où il utilise différentes sortes de marteaux pour frapper et former des fers à cheval, des charnières etc... Un fabricant de balais, un ébéniste, une taverne, la couturière du village, une infirmière, une ferme, l'école, un fabricant de chaussures, tout ce petit monde vit en harmonie sans se soucier des touristes. C'est un régal pour les yeux !

Dominée par le Mont-Royal, Montréal est la seconde métropole du Canada. Nous découvrons la ville souterraine sur six étages. Le climat extrême de l'hiver pousse les habitants à vivre à l'abri. Tout est conçu de manière à trouver tout ce dont ils ont besoin, avec plus de 30 km de passage piétonnier qui permettent de se rendre aux principaux lieux et bâtiments du centre-ville.

À Trois-Rivières, nous passons la journée chez l'habitant, avec nos cousins québécois. Leur accent nous amuse. Nos hôtes vivent dans de petites maisons construites en bois. Un simple abri fait office de garage. L'hiver, avant de partir en voiture, les automobilistes réchauffent l'huile du moteur en branchant un appareil électrique sous la voiture ! Nous sommes accueillis par une famille avec qui nous vivrons de chaleureux moments. Ils nous parlent de l'hiver avec des températures extrêmes pouvant atteindre les moins quarante degrés, qui, avec le blizzard, provoquent un effet ressenti de moins cinquante degrés. Les lacs et les rivières sont gelés et les habitants en profitent pour rouler sur ces nouvelles voies. Au petit matin, je suis surpris par des tintements et bruits bizarres. Un genre de concert se fait entendre, les parois de la maison vibrent. Que se passe-t-il, un tremblement de terre ? Soudain un grondement me fait sortir du lit. Je regarde à l'extérieur et je vois arriver une locomotive tirant son chapelet de wagons à une dizaine de mètres de la maison.

Québec a été le berceau du futur Canada et détient en effet une position clé sur le fleuve. Elle baigne tout entière dans une atmosphère de province française. C'est la seule ville fortifiée en Amérique du Nord. Elle fait partie du patrimoine mondial de l'Unesco. Québec est entourée de paysages d'une grande beauté. Nous reprenons la route pour rejoindre à nouveau Montréal où 26 % de Français ont élu domicile ; c'est une ville portuaire à travers le Saint-Laurent. Elle relie les dix centres industriels des Grands Lacs. En 2003, cette ville organise son premier marathon. Les pistes longent la rivière et vous pouvez courir pendant des heures si le cœur vous en dit. Le problème, ce sont les cyclistes qui arrivent en trombe par derrière et vous dépassent bruyamment. Le sol est accidenté et l'on doit prendre garde à ne pas trébucher. Quelques feux de signalisation nous bloquent assez longuement ce qui nous fait perdre notre rythme. Ceci étant, les circuits sont très agréables. Plaisir et bonheur d'avoir découvert ce merveilleux pays qui va prendre bientôt ses couleurs d'automne et attirer les amoureux de la nature.

Le mois d'octobre 1992 sera le point de départ de mon troisième marathon de l'année à Neuf-Brisac, près de Colmar dans le Haut-Rhin. Cette ville présente la particularité d'avoir une forme octogonale et se situe dans la plaine alsacienne proche de la frontière allemande. Elle a été construite sur les ordres du roi de France Louis XIV. Vauban est chargé de l'étude et de l'implantation sur la rive gauche du Rhin. Contrairement aux châteaux forts du Moyen Âge qui sont visibles d'assez loin, Neuf-Brisac est quasiment invisible de l'ennemi qui, en se rapprochant, s'expose systématiquement au feu des défenseurs.

Sorti de la ville, le puissant vent du Nord met les organismes à dure épreuve. Les abandons sont nombreux. Il faut ruser, jouer pour se mettre à l'abri des rafales. Je tiendrai jusqu'au bout ; non ce n'est pas aujourd'hui que je vais abandonner, il m'en faut plus ! Les ravitaillements nous donneront un petit coup de fouet mais ne seront pas suffisants pour améliorcr les temps réalisés qui ne reflètent pas une étape courue dans de bonnes conditions.

1992 se clôturera en apothéose, avec mon quatrième marathon réalisé à Orléans.

Je cours, je cours dans le vide ou peut-être devrais-je le dire autrement, je cours pour obtenir le vide, oui, voilà, c'est cela peut-être. Na-

turellement l'esprit humain ne peut être complètement vide. Nos émotions ne sont pas assez fortes ou consistantes pour soutenir le vide. Comme elles manquent de contenu, ce sont juste des pensées hasardeuses qui se rassemblent autour de ce noyau de vide. Les pensées qui me viennent en courant sont comme des nuages dans le ciel. Ils ont différentes formes, différentes tailles, ils vont et viennent alors que le ciel reste le même. Les nuages sont de simples invités dans le ciel, ils apparaissent, s'éloignent et disparaissent. Reste le ciel ; il existe avec ses formes et ses contours et puis plus rien, le vide, l'imagination…

Ce quatrième marathon est surnommé le marathon givré. Il doit sa renommée au fait que cette compétition se déroule en hiver. Les concurrents parcourent la campagne recouverte de neige et de glace et franchissent la ligne d'arrivée avec bonnets, gants, sourcils, barbes et moustaches scintillants de paillettes de givre. Un marathon de légende pour des coureurs complètement givrés ! Peut-être, je l'étais déjà au départ de la maison car après avoir parcouru 250 km en voiture, le doute m'envahit. Ai-je bien pris tous mes sacs ? Avant chaque marathon, je sépare méthodiquement mes affaires de sport du reste de mes autres bagages. Je parcours encore une dizaine de kilomètres avant de pouvoir m'arrêter sur une aire de repos. Je constate amèrement que j'ai oublié mon sac de sport ! Je fais aussitôt demi-tour à la case départ. Non, je ne peux pas courir avec une paire de chaussures empruntées. Je porte des semelles adaptées à la morphologie de mes pieds. Six heures de perdues ; j'arrive à bon port, en fin d'après-midi, chez mon ami Laurent qui était avec moi à La Vanoise. Nous serons quatre à passer la soirée ensemble. Laurent a pour habitude de courir avec une partie de ses collègues et, ce jour-là, c'est lui qui offre le petit déjeuner. Vers quatre heures du matin, nous nous retrouvons une douzaine pour un petit déjeuner copieux. L'atmosphère est très détendue et je raconte mes aventures.

C'est parti ! À tour de rôle, nous prenons des relais. C'est un véritable travail d'équipe. Courir de cette façon permet de se remettre dans la course lors des moments de faiblesse, surtout sur des étapes avec des longues lignes droites. C'est ce qui m'arrive aujourd'hui : 34ème kilomètre, la fatigue, les jambes lourdes.

Dans ces moments terribles, le corps se divise en deux. Les jambes indiquent au cerveau qu'elles en ont assez, qu'elles ne veulent plus avancer. Le cerveau qui, lui, s'est évadé depuis le départ, s'en contrefiche et nargue les jambes qui, vexées, se mettent à ralentir. Le cerveau à son tour commence par douter. C'est vrai, je n'aurais jamais dû enchaîner toutes ces courses depuis le début de l'année, quatre marathons, c'est trop, je le paie aujourd'hui ! Je pense aux mises en garde de Serge Cottereau. Ceci arrange bien les jambes et ce passage à vide a pour conséquence un nouveau ralentissement. Elles iront même à demander poliment au cerveau de s'arrêter. Il suffit de le décider et, dans la seconde, c'est fini, plus de souffrance pour tout le monde. Mais qui va en tirer bénéfice se dit le cerveau ce sont bien les jambes ! Alors non, dans sa fierté il reprend les commandes !

C'est là aussi que le travail d'équipe prend toute son importance ainsi que le soutien des amis et de la famille! Ce n'est pas mon cas, ils ne sont jamais venus me voir sur une course et pourtant j'ai couru de nombreuses fois dans la région. Ils avaient sûrement une petite pensée pour moi dans les passages difficiles. Ouf, cinq kilomètres plus loin les choses sont revenues dans l'ordre, je suis au 39ème kilomètre ; je prends le relais, c'est-à-dire la tête de notre petit groupe motivé plus que jamais ! Je leur dis :

« Allez les gars, courage, je vous emmène jusqu'au bout » !

Après mes derniers encouragements, je parcours le dernier kilomètre sans me retourner et je finis ce marathon premier du groupe en 2h50', 107ème sur 1 510 ! Après la course un ami de Laurent nous reçoit pour le repas. C'est un rituel agréable, nous serons une vingtaine à participer à ce merveilleux moment de partage. Après avoir remercié toute la tablée, je clôture cette année 1992 avec 295 km parcourus en compétition et 5 275 km à l'entraînement.

L'hiver arrive, je mets tout en œuvre pour récupérer, grâce à trois semaines de repos et dix séances chez mon kiné. Je ne renouvellerai pas ces quatre marathons. Mes collègues de travail sont toujours à l'écoute de mes exploits. Ils me trouvent en forme après toutes ces courses.

À quelques kilomètres de l'arrivée, une douleur intense au genou me rappelle une souffrance ressentie deux mois plus tôt, en France. Après avoir rencontré plusieurs médecins et chirurgiens pour me soigner sans succès, je me tourne vers une magnétiseuse. Elle me soignera gracieusement et fera tout pour que je participe à cette aventure. Je ne peux pas la décevoir ainsi que tout mon village. Ce n'est pas cette petite douleur qui va me faire abandonner ! Je pense fortement à tout ce monde et plus jamais je ne ressentirai ma douleur. Je termine cette étape à la quatrième place avec huit minutes d'avance au classement général sur mon poursuivant.

À l'approche du Guatemala, les couleurs sont plus vives, plus gaies, plus chaudes. Des baraquements servent aussi bien de magasins, de bistrots ou d'ateliers. Les maisons d'habitation sont faites de torchis ou de briques de terre que les enfants confectionnent. Ces briques seront séchées au soleil. Le bois joue un rôle important, il est utilisé pour la cuisson du maïs, nourriture principale de la population. Parmi les animaux les plus remarquables de la région maya, on trouve le cerf, le jaguar et le dindon et ceux-ci furent essentiels pour la religion et la vie quotidienne.

À la frontière entre le Mexique et le Guatemala nous rencontrons toutes sortes d'embarcations avec des chargements monstrueux, des petites camionnettes qui croulent sous leur charge. Des jeunes gens se promènent avec des liasses de billets de banque et proposent du change. Le mot dollars est sur toutes les bouches. Le Guatemala est une république de type présidentiel avec quinze millions d'habitants. La grande majorité du peuple descend directement des Mayas. Les Indiens sont largement majoritaires ; ils ont su conserver leur langue, leurs coutumes, leur folklore. Leurs costumes sont particulièrement riches en couleurs. La monnaie est le quetzal. Selon la légende, lors de la conquête espagnole de l'empire maya, les Indiens affrontèrent les conquistadors de Pedro de Alvaredo, bras droit de Cortés à Olintépèque. Nous sommes à la fin du XVème siècle et les Mayas sont commandés par leur jeune roi Tecun Uman. Celui-ci a la particularité d'avoir un oiseau perché sur son épaule, un quetzal dont les plumes servent depuis longtemps d'ornement aux parures des chefs et même, dans certains cas, de monnaie lors de transactions commerciales. Le jeune chef se fait perforer la poitrine par une lance espagnole et le poitrail de l'oiseau se couvre de rouge. Depuis ce jour le quetzal a gardé ses plumes rouges ; il est devenu le symbole de la résistance et de l'identité maya. Si l'oiseau lui-même est en voie de disparition, il est présent sur le drapeau et la monnaie guatémaltèque.

À la frontière, il nous faut changer de bus. Après de longues heures d'attente et de longues discussions, nous en obtenons un autre et les deux cars se positionnent côte à côte de manière à transférer tout le matériel et les bagages. Après le petit déjeuner typique composé de purée de haricots, fromage et bananes frites, nous voici repartis pour la troisième étape de 40 km à Todos Santos. Au matin, par une température très fraîche, nous croisons un bus scolaire. À chaque arrêt, des enfants non scolarisés viennent se réchauffer près de l'échappement du véhicule ! Tous ceux qui vont à l'école portent une tenue réglementaire. Nous voici dans une autre ambiance, très chaude, très colorée, très agréable. Toutes les personnes sont souriantes, j'ai souvent remarqué cela à travers le regard des enfants ; on peut se faire une opinion sur la situation d'un pays. Très souvent dans les régions pauvres ou très reculées, les enfants sont très chaleureux, heureux de vivre ! Contrairement à ce qui se passe dans les pays européens où beaucoup de personnes sont souvent vêtues de noir et n'ont pas souvent le sourire, les Guatémaltèques aux tenues vestimentaires colorées présentent un visage où se reflète une joie communicative !

Le rythme de cette étape est donné par les dix premiers du classement. On s'observe ; il ne faut surtout pas montrer un signe de fatigue qui peut profiter aux autres coureurs restés dans le tempo. Nous connaissons tous notre position par rapport à nos poursuivants. La campagne est belle, tous les terrains exploitables sont labourés. Les habitants se déplacent à pied à l'intérieur des terres et nous encouragent. Ils ont du mal à comprendre que nous sommes venus de si loin pour courir chez eux ! La cadence reste cool, comme si tout le monde voulait profiter du paysage. Après 6 km d'ascension, nous sommes accueillis par des colonies d'enfants en traversant les villages.

La veille des marchés, hommes et femmes quittent leur demeure avec sur leur dos d'énormes fardeaux colorés retenus par le mécapal, un bandeau de cuir qui passe autour du front pour porter des charges lourdes. Il fait encore nuit lorsqu'ils s'installent en silence à la lueur des bougies. Ils déballent les produits de leur récolte et de leur artisanat. Les marchés sont bien garnis de fruits et légumes à volonté. C'est le point de rencontre des différentes communautés qui viennent y échanger produits de base et objets artisanaux. Une espèce d'allégresse vous prend devant l'invraisemblable explosion de couleurs des « huipils ». Ce sont des chemises brodées traditionnellement que les femmes autochtones portent tous les jours. Les sacs, les ceintures et les bracelets en tissu sont tous ornés de l'effigie de l'oiseau quetzal, oiseau sacré des Mayas, dont les plumes ornaient la coiffure de leurs prêtres rois.

La fatigue accumulée depuis quelques jours, le décalage horaire, l'altitude, le climat, tous ces aléas ne feront rien changer au classement général. Nous arrivons tous à bon port après cette étape de transition. Nous mangeons des tortillas, galettes préparées traditionnellement à base de maïs. Les plats culinaires ressemblent à ceux servis au Mexique ; ils sont à base de haricots noirs, soupes au poulet, les fajitas, fourrés avec de la viande. Le plat le plus répandu est le kak'ik, un pilon de dinde qui trône au beau milieu d'une soupe.

Après de longs et pénibles transferts en bus, s'offre à nos yeux un décor magnifique. Le lac Atitlan, situé à 1 600 m d'altitude, un joyau brillant cerné par un écrin de trois volcans, dont le San Pedro profond de 350 m. C'est le plus grand lac du Guatemala. Il occupe une caldeira, la place laissée par un énorme volcan ayant explosé il y a 84 000 ans. Nous le traversons en bateau ; l'eau est étonnamment claire. Des enfants nous accueillent et nous proposent divers objets : bracelets, colliers, sacs… Le café est la base principale de l'économie ; les autres matières agricoles importantes sont le coton, le cacao, le maïs, les haricots noirs, les bananes et la canne à sucre. La vie s'écoule paisiblement sans stress ; ils ne cherchent ni la performance, ni la rentabilité. Le métier à tisser guatémaltèque est attaché à un arbre, il est tendu par le poids de la tisserande. Chaque communauté indienne tisse ses propres costumes en utilisant ses couleurs. Celles-ci ont une signification bien précise, dans la religion et la cosmologie maya, le rouge est signe de vie, le vert représente la fertilité, le violet exprime la spiritualité, le jaune symbolise le bonheur.

La quatrième étape de 30 km surplombe le lac Atitlan à travers les cultures sur de magnifiques sentiers. La chaleur est toujours au rendez-vous mais dans un tel décor, nous ne sentons pas la souffrance. J'ai voulu le faire, alors je dois aller jusqu'au bout. À un moment donné, je croise sur un chemin plusieurs porteurs avec des charges de bois de 50 à 60 kg. Ils le transportent sur leur dos. Il servira à la cuisson des aliments. Je les encourage dans leur effort. Et dire que nous, nous courons pour notre plaisir. Ils vont en raconter ce soir dans les chaumières... Nous croisons souvent des militaires. Leur présence est partout. Au fur et à mesure des kilomètres parcourus, certains coureurs se lâchent complètement. C'est la descente dans les profondeurs du classement général... Nous sommes confrontés à une course dans la course. En plus du classement général, nous courons en équipe de trois. Je fais équipe avec Didier et Alain. Notre équipe s'appelle "Bourgogne-Franche-Comté". Parmi les autres formations, on trouve les « Rapidos », les « Vulcanos, les « Bomberos ». Le temps pour le classement est pris sur le troisième de l'étape. Il faut donc motiver nos troupes ! Finalement, ce sera une bonne journée pour nous trois. En effet Didier gagne l'étape, Alain sera huitième et moi quatrième. C'est une victoire d'équipe et nous sommes deuxièmes au classement général.

Nous arrivons à Antigua qui est connue pour son architecture coloniale de style baroque et renaissance espagnole. Elle a été bâtie à 1 500 m d'altitude et fut détruite en grande partie par un séisme en 1773. C'est à partir de ce moment que les autorités ont alors déplacé la capitale vers un lieu plus sûr à Guatemala City. Dans cette ville, des tailleurs de pierre travaillent le jade pour en faire des bijoux, des masques... Le jade est la pierre de l'immortalité. Nous arrivons au petit village de Santa Maria pour préparer notre cinquième étape avec l'ascension du volcan Agua qui culmine à 3 720 m d'altitude. C'est une belle étape contre-la-montre, intrigante, intéressante, en sachant que les derniers sont partis les premiers. Ils vont pouvoir enfin rencontrer les premiers du classement général qui, bientôt, viendront les rejoindre. Il faut s'organiser et se motiver pour le classement en équipe car chacun va courir en solitaire. L'objectif est de ne pas se faire rattraper, mais plutôt d'aller

chercher celui qui est parti avant vous. Guy, franc-comtois, spécialiste de la montagne, grand skieur, nous conseille de trouver deux morceaux de bois pour prendre des appuis lors des parties très pentues. C'est à travers des sentiers escarpés et caillouteux que nous évoluons. Je rencontre alors de courageux guatémaltèques transportant un relais de télévision. Je suis parti avec 2,5 l d'eau ; il faut gérer car il n'y a pas de ravitaillement sur cette étape. Une défaillance arrive très vite avec l'altitude et la chaleur ; en plus nous ne connaissons pas le parcours. J'aime les étapes de montagne, je résiste bien aux fortes températures, je garde une bonne cadence. Le sommet n'est pas loin, les jambes sont lourdes et le manque d'oxygène commence à se faire sentir. Il faut attendre l'arrivée de tous les concurrents pour connaître le classement final et c'est une honorable troisième place que je m'offre juste derrière Alfonso Moralès, notre grand champion. Je suis toujours quatrième au classement général avec 26 mn sur mon poursuivant. Pas de souci pour la suite, nous gardons notre deuxième place par équipe malgré une petite défaillance d'Alain qui arrive 42 mn après le premier. Nous nous sommes payés 1 800 m de dénivelé ! Le froid nous envahit, il faut redescendre par le même chemin, c'est interminable ! Une journée de repos serait la bienvenue mais ce n'est pas encore au programme.

À Guatemala City, au pied des montagnes de la Sierra Madré, nous sommes reçus à l'ambassade de France dans un magnifique décor. Monsieur l'ambassadeur nous ouvre ses portes et nous félicite chaleureusement. Une petite visite de la ville, quelques photos et, dès le lendemain, nous prenons un petit avion qui nous conduira près de la frontière du Honduras. Le relief est très accidenté et c'est reparti pour 24 km. En vrai clandestin, nous passerons la frontière entre le Guatemala et le Honduras au pas de course, sous l'œil amusé des garde-frontières qui, malgré tout, contrôleront certains de mes camarades ! Le Honduras est une république de type présidentiel avec ses 4,7 millions d'habitants. La monnaie est l'empira. L'arrivée de cette étape se fait sur le site Maya de Copan, sous une chaleur intense. il me faudra pas moins de 5 l d'eau pour me réhydrater. Les routes sont en mauvais état et nos déplacements en véhicule n'excèdent pas les 40 km/h ; de petits ruisseaux traversent la route

où les animaux viennent se désaltérer. Le site archéologique de Copan est situé en pleine jungle. C'est au VIIe siècle que Copan devient un centre majeur, l'une des plus puissantes cités mayas. Il semblerait que ce soit un problème environnemental qui ait provoqué la chute de Copan. En effet, à cause de la déforestation, on estime qu'à la fin du VIIIe siècle, il n'y avait plus un seul arbre dans les 30 km à la ronde. À cause de la densité croissante de la population, celle-ci cultiva les versants abrupts de la montagne. Défricher toujours plus, provoqua une forte érosion du sol. Cette spirale infernale aurait entraîné un appauvrissement des terres et des inondations.

Nous reprenons la route et quittons le Honduras. À la frontière guatémaltèque, désinfection des roues de nos véhicules obligatoire ! C'est en avion que nous rejoignons Florès dans le nord du Guatemala. La vieille ville est située sur une île du lac Peten-Utza. Elle a été construite sur le site de la Cité maya de Tayasal. Enfin, nous avons une journée de repos bien méritée sauf pour Alfonso Moralès, notre aztèque, qui partira courir une quinzaine de kilomètres, histoire de se dégourdir les jambes. Habitué depuis l'enfance à se lever à cinq heures du matin pour traire les deux vaches de la ferme familiale, partir à l'école en courant à quinze kilomètres de là et même parcours le soir, quel courage ! C'est en 1885 qu'un bûcheron découvre le site de Tayasal, datant de 1700 ans avant J.-C. Je prends une importante quantité de photos pour réaliser un diaporama à mon retour en France. Il nous faudra 2 h 30' en bus pour parcourir 70 km et deux heures de pirogue. Arrivés au cœur de la jungle, quel émerveillement lorsqu'on pénètre dans cette forêt avec les émotions que cela entraîne : bruits des animaux, chants des oiseaux, rencontres avec les singes, les perroquets multicolores, le ceiba, (encore appelé fromager), un arbre de soixante-dix mètres de hauteur ! Au retour, bercé par la pirogue, je partirai dans des rêves enchanteurs…

Maintenant il faut se préparer pour notre septième étape de 30 km avec l'arrivée sur le site de Tikal, dans la jungle. À cet endroit, seulement 5 % de la forêt ont été défrichés et les pyramides ont été restaurées dans les mêmes proportions. Avec ses temples perchés à plus de 72 m, comptant environ trois mille structures religieuses, Tikal, situé dans le Peten-Utza, est considéré comme la cité la plus spectaculaire de la période maya. Il atteint son apogée au IIIe et IVe siècles de notre ère représentant, pour le Nouveau Monde, ce qu'était Athènes pour le vieux continent, c'est-à-dire le berceau de la civilisation.

Avant chaque départ, l'organisateur de la course tient un briefing sur le déroulement de l'étape à venir. La journée de repos a été profitable pour tous les coureurs ; je le constate dès les premiers kilomètres. Le rythme est soutenu, il faut rester concentré sur l'objectif ; je suis toujours à ma quatrième place et ce sera très dur pour moi d'aller chercher la troisième. Il s'agit de mon ami Stéphane, le roi des records, qui a quarante-cinq minutes d'avance sur moi au classement général. Je suis dans le bon tempo, les kilomètres défilent, les écarts se creusent aussi avec les cracks à l'avant de la course. Je me retrouve seul au 20ème kilomètre. Je sais que je ne reviendrai pas sur les premiers. Pour moi le danger ne peut venir que de l'arrière ; j'ai 32 mn sur le cinquième, il suffit de gérer. Au bout d'une longue ligne droite, j'aperçois un groupe qui revient sur moi, mais je ne suis pas inquiet, nous sommes environ à deux kilomètres de l'arrivée. Les jeux sont faits, dans moins de dix minutes cette septième étape sera bouclée. J'utilise toute l'énergie qui me reste pour terminer ce parcours. Cinq à six autres concurrents sont derrière moi, un quart d'heure après je ne suis pas encore arrivé ! Je ne m'inquiète pas trop, car très souvent, dans ce genre de course, les kilomètres ne sont pas toujours exacts. Néanmoins je sens l'arrivée toute proche, je lance une attaque et je me retrouve seul. Grossière erreur ! Je m'enfonce dans la campagne, je ne trouve plus de balises ! Je reste sur le sentier principal durant environ trente minutes. Je suis très inquiet, toujours pas d'arrivée. Le véritable carrefour important dont je me souviens remonte à trente à quarante minutes. Non, je ne ferai pas demi-tour ! Ce n'est pas possible, toute cette avance dont je dispose au général ! Je vais la perdre ! Je m'épuise, je suis perdu, les images défilent dans ma tête. Je vais être disqualifié, la honte ! Je n'ai pas le droit ! Je pense à ceux qui ont tout misé sur moi ! Je crois que je n'ai jamais couru aussi vite et aussi longtemps. Je demande mon chemin, sans succès… Après une heure de course folle, je négocie un vélo auprès d'un paysan. Je ferai deux kilomètres avec et le poserai discrètement, lorsque j'aperçois au loin l'arrivée de l'étape. Résultat : quinze kilomètres en plus dans les jambes et une heure de perdue ! Je passe de la quatrième à la sixième place au général. Je suis convoqué devant le staff de l'organisation pour avoir utilisé un vélo. Je ne peux pas mentir sur mon erreur. Heureusement, j'évite la disqualification. J'apprends que les autres coureurs que j'ai entraînés sur le mauvais chemin ont fait demi-tour avant de m'appeler. Trop tard, j'étais trop loin ! Je n'ai qu'une chose à faire : récupérer, car demain c'est une étape de 55 km qui nous attend. Avec tous ces kilomètres en plus dans les jambes, si je veux être en forme, je n'ai pas le droit à l'erreur. J'ai le soutien de nombreux coureurs pour me consoler. Une bonne nuit de repos et tout ira mieux demain…

Au petit matin, des camionnettes nous transportent vers le départ de notre huitième étape de 55 km. Tulum signifie forteresse en maya ; c'est la seule cité que ce peuple ait construite en bord de mer. À ses pieds, se trouve une immense plage de sable blanc qui s'étend, vierge de construction, jusqu'à Punta-Allen, le lieu d'arrivée de notre avant-dernière étape. Cette nuit, j'ai bien récupéré. Dans les véhicules, ce matin-là, je sens une certaine tension. 55 km, c'est très long, une défaillance peut vite arriver et c'est la chute libre au classement général. Je reste concentré, je n'ai plus rien à perdre maintenant, après les événements de la veille. Je suis plutôt décidé à frapper un grand coup. Dès le départ, je prends les opérations en main, je creuse l'écart rapidement, les jeux sont presque faits pour tous les concurrents, sauf pour moi. J'ai la rage et toujours cette pensée, je ne dois pas décevoir ! Connaissant ma situation, tous les coureurs me laissent partir, c'est mon jour ! J'attaque dès les premiers kilomètres, ça passe ou ça casse. Je ne réalise même pas qu'il faudra parcourir 55 km, soit 13 km de plus qu'un marathon. À la moindre faiblesse, je me remotive en parlant à mon corps, en repoussant la moindre douleur : non petite douleur, ce n'est pas le moment de me taquiner ! Je m'évade dans des pensées positives, j'admire le paysage fait de dunes de sable blanc, de palmiers. De temps en temps, je suis à quelques mètres de la mer des Caraïbes d'un bleu turquoise. Je refais toutes les étapes dans ma tête, j'occupe mon esprit pour ne pas me relâcher. Lorsqu'une longue ligne droite se présente, je me concentre un maximum et je me prépare à regarder à l'arrière pour voir éventuellement si les choses évoluent. Personne à l'horizon et déjà plus de 25 km parcourus. J'ai la patate ! Je suis dans ma course. Des journalistes de France 3, arrivent à ma hauteur, m'encouragent, me félicitent. Je ne demande rien sur la position de mes poursuivants car, bien sûr, tout le monde a réagi. Ils sont tous à mes trousses ! Je n'ai pas peur, au contraire, j'utilise mon avance en me disant « ils me poussent »... La moindre énergie, je la capture pour relancer ma progression. Trentième kilomètre, je suis toujours devant. Plus de la moitié du parcours est fait. Allez, allez ! Je rencontre quelques personnes en voiture. Ils s'arrêtent et descendent pour m'encourager. Je repars de plus belle. Quarante kilomètre ! Malgré la chaleur, le vent qui souffle en rafale, je prends le temps de m'hydrater, de grignoter une barre énergétique. Je me retourne et je vois un Aztèque à mes trousses, c'est Alfonso Moralès, tel une gazelle qui revient sur moi à vive allure. Il me tape sur l'épaule, me félicite et repart de plus belle. Je termine dix minutes derrière lui, mais cela ne sera pas suffisant pour revenir au classement général, car les autres ont aussi retrouvé de l'énergie.

Il ne reste qu'une seule étape de 15 km demain qui se déroule sur l'île de Cozumel avec l'arrivée dans la mer des Caraïbes. Cette dernière course n'influence pas le classement. Je termine donc à la sixième place de cette expédition et deuxième par équipe. J'ai adoré la patience et la tendresse de ces peuples que nous avons rencontrés. Le lendemain, nous découvrons Cancun, qui signifie serpent en langue maya. C'est une ville très prisée de tourisme balnéaire, située au sud-est du Mexique, sur la côte de la mer des Caraïbes. Ce retour à la civilisation ne m'enchante pas vraiment, avec des flots de touristes dans toutes les rues et sur la plage. Le lendemain, c'est le retour en France, des souvenirs plein la tête et la satisfaction d'avoir rempli mon devoir.

Des dizaines de pellicules chargées de diapositives sous le bras, je prends rendez-vous chez mon photographe pour mettre en images toutes ces merveilles. Avec Pierre Paludet, nous passerons beaucoup de temps à préparer un diaporama sur des musiques mexicaines. La première soirée, à la salle des fêtes de Mamirolle, sous le thème du Mexique, sera un succès. Je ne manque pas de remercier tous les membres du comité de soutien, la municipalité et l'ensemble des personnes présentes. Je m'engage à diffuser mon diaporama dans les écoles, les maisons de retraite et aux gens de mon village de La Rivière-Drugeon qui m'ont soutenu lors de mon expédition.

Découverte de Cuba

En ce début d'avril 1993, je retrouve les sentiers de ma région. J'ai du mal à me concentrer, les images trop fraîches de mon expédition défilent dans ma tête. Je cherche la mer à l'horizon ou un temple maya, non rien de tout cela : des sapins, des montagnes douces, des prairies. Il va falloir se réhabituer à ce décor ! Je me prépare pour courir mon prochain marathon de Paris qui se déroulera le 25 avril. Je l'avais bien apprécié la première fois. Courir dans la capitale avec ces milliers de participants de toute nationalité reste une agréable expédition. Je suis sage, à l'écoute de mon corps et je prends plaisir à redécouvrir tous les sites parisiens. Je n'ai aucune pression, je cours en « touriste », tel un spécialiste des longues distances. J'avale les kilomètres, j'observe les autres concurrents ; certains font l'accordéon, s'arrêtent, marchent, repartent les jambes lourdes. Je ne les reverrai pas… Ont-ils abandonné ? D'autres, plus volontaires, plus endurants, se sont donnés un défi et trouvent la motivation pour aller jusqu'au bout. À mon habitude, je cours cette épreuve en moins de trois heures.

Les petites courses se multiplient comme la montée du mont Poupet, au départ de Salins-les-Bains, course de côte de 17,5 km avec 859 m de dénivelé que je parcours en 1 h 17 minutes. Le 26 juin 1993, je suis à Lausanne où le président des Jeux Olympiques, Juan Antonio Samaranch vient inaugurer le musée olympique. C'est lui qui donne le départ du premier marathon de Lausanne qui se déroule au bord du lac Léman, jusqu'à Vevey. Après avoir dit un petit bonjour à Charlie Chaplin qui a vécu longtemps à Vevey, nous revenons sur nos pas jusqu'à Lausanne à travers le vignoble qui s'étend sur une superficie de 15 000 ha. Il est principalement concentré à l'ouest et au sud du pays dans les cantons de Genève, Neuchâtel, Tessin, Valais et Vaud. Je termine à la 17ème place. Après une bonne séance de massage au bord du lac, les Suisses nous servent un bon repas à base de féculents que j'apprécie.

Je cours pour le plaisir, je cours pour garder la forme, je cours pour voyager autrement. Ce plaisir ne doit jamais s'abîmer dans une recherche de performances. J'y pense mais attention, elle est souvent génératrice de blessures. Ai-je pris du plaisir à courir aujourd'hui ? Suis-je heureux à l'idée de courir demain ? Si vous hésitez à répondre positivement à ces questions, c'est que quelque chose ne tourne pas rond dans votre approche de la pratique sportive. Vous êtes peut-être fatigué, blasé et finalement malheureux.

Ce n'est pas mon cas en ce début octobre 93, lorsque je prends le départ du marathon de Dijon pour la deuxième fois. Serein et motivé, je cours avec Thierry, un ami de Dijon, qui a invité ses amis. Nous sommes quatre dans le même rythme. Au cinquième kilomètre j'ai un point sur le côté. Du jamais vu, je dois ralentir et très vite récupérer si je ne veux pas finir au bord de la route. Ce n'est pas le jour car, Sonia, qui sera ma future épouse, est là au bord de la route. Lors d'un marathon, c'est difficile de nous suivre. Je la verrai à mi-parcours. C'est une bouffée d'oxygène et d'énergie, un grand coup d'adrénaline qui me donnera les moyens de finir, de battre mon record puisque le chrono affichera 2 h 45 mn. Ce sera mon meilleur temps sur marathon à plus de 15 km/h ! Encore une belle année qui se termine en beauté.

Cuba au pas de course

1994 voit le jour avec un ultra marathon à Cuba. Jamais l'œil humain ne vit tant de beautés que Christophe Colomb découvrant Cuba en 1492. Cuba, patrimoine de l'humanité, 114 000 km², la plus grande île des Caraïbes, 7 000 km de côtes, de plages de sable blanc, de palmeraies, de fonds marins enchanteurs. La Havane, Santiago, Trinidad, l'histoire regorge de richesses coloniales. Cuba, c'est aussi un peuple métissé, chaleureux et accueillant avec sa musique, son rhum, ses cigares, ses vieilles voitures américaines !

Fief de la couronne d'Espagne, l'île sert d'escale aux conquistadors au milieu du XVIème siècle. Les Indiens sont décimés mais la culture de la canne à sucre réclame beaucoup de main-d'œuvre. Des milliers d'esclaves noirs, déportés d'Afrique, accroissent la population. L'élevage se développe ainsi que la culture du tabac. Au XIXème siècle, des guerres d'indépendance soutenues par les États-Unis menacent l'empire espagnol. Au XXème siècle, Cuba tombe sous la coupe des Américains qui exercent leur monopole sur le sucre et le nickel. En janvier 1934, coups d'état et interventions militaires se succèdent. Le colonel Fulgencio Batista s'empare du pouvoir et devient président de la République. En juillet 1940, il se retire à la fin de son mandat pour revenir en dictateur le 10 mars 1952. Le 26 juillet 1953, une poignée de révolutionnaires dirigés par un jeune avocat, Fidel Castro, tentent de renverser le régime. L'opération est un échec mais Castro reprend l'offensive avec son lieutenant Ernesto Che Guevara. Ils débarquent le 2 décembre 1959. À la tête du nouveau gouvernement, Fidel Castro entreprend une vaste réforme agraire et nationalise l'ensemble de l'industrie. Les États-Unis boycottent le sucre cubain que l'Union soviétique achète aussitôt. Les États-Unis apportent leur logistique à l'expédition anticastriste de la baie des Cochons qui vise à débarquer à Cuba avec un corps expéditionnaire. Les mercenaires échouent dans les marais de Playa Girón en avril 1961. Il s'agit d'une petite plage située dans la partie orientale de la baie des Cochons. Washington déclare alors le blocus de Cuba. Castro perpétuant une étroite alliance économique avec le grand frère soviétique, l'implosion de l'URSS a tout changé. Les liens seront distendus avec la Russie et Cuba est aujourd'hui isolée.

Cuba, ce sera 120 km d'aventures en neuf étapes du 25 février au 15 mars 1994. Le regroupement est fixé à Paris Orly. C'est à chaque fois un événement de savoir qui y participera. Très souvent, je rencontre des participants dynamiques ; nous marchons avec les mêmes objectifs. Ce que nous découvrons à Cuba est saisissant !

Avant 1989, l'URSS fournissait à Cuba 14,5 millions de tonnes de pétrole contre à peine 4 millions aujourd'hui. Privés d'essence « les guaguas » de vieux bus hongrois en mal de pièces détachées, circulent au ralenti. Les coupures d'électricité sont fréquentes en ville et la télévision a réduit ses horaires. Dans les champs, des bœufs remplacent les tracteurs, le cheval a repris du service. C'est le triomphe de la bicyclette ! Aujourd'hui tout manque à Cuba. À La Havane, les murs des anciennes demeures coloniales se lézardent, l'économie tourne au ralenti. Les voitures américaines des années 50 ne roulent presque plus. Sur le trottoir les Cubains font la queue pour entrer dans les magasins qui n'ont quasiment rien à vendre. Sans que l'on puisse avancer de chiffres exacts, les observateurs estiment à cinq heures l'attente quotidienne des cubains. Chacun espère un futur meilleur. La révolution se transforme en une course au minimum vital. Notre guide, papa d'un bébé d'un an, nous explique :

« Parfois nous n'avons pas de gaz pendant deux jours ». Les semaines sont quotidiennement rythmées par les coupures d'électricité.

Cuba, l'île verte, n'arrive pas à nourrir sa population. 30 % de la surface cultivée est consacrée à la monoculture de la canne à sucre.

L'agriculture, fortement mécanisée, est au point mort. La libreta, le carnet de rationnement mensuel que possède chaque cubain, n'est plus qu'un chéquier sans provision. Pour le reste, il faut se débrouiller, la

combine est donc devenue une véritable institution : du plus sordide - la prostitution et le marché noir - au plus cocasse, comme des cochons élevés sur les terrasses de La Havane. Mais un brin de résignation flotte dans les yeux des Cubains.

Aujourd'hui, poursuit notre guide, tu ne peux plus espérer réussir à Cuba mais simplement y survivre.

Notre première étape de 20 km nous permet de nous acclimater. Certains n'ont jamais couru en étapes. Les gens s'observent et gardent de l'énergie pour la suite. Je regarde tout cela en souriant j'ai déjà une expérience derrière moi et je sais gérer ce type de courses. Je laisse partir les plus forts, je suis serein et déterminé. Je termine cinquième à une minute du premier. Je suis à l'abri, c'est tout bon pour moi.

Deuxième étape, 42,195 km, c'est le marathon de la baie des Cochons. Les cochons sont en fait des poissons appelés ainsi par les Cubains. Ce lieu est resté célèbre, suite au débarquement d'opposants à la révolution cubaine. Des militaires sont là et s'opposent à notre départ. Il fait quarante degrés. Il faut toute l'habileté de Bertrand pour faire fléchir l'armée cubaine et enfin nous pouvons partir. Je suis aux avant-postes. Personne ne veut prendre de relais, il fait trop chaud. Je cours avec Karim Mosta, une pointure qui a déjà parcouru le globe, un grand sportif d'origine marocaine qui ne craint pas la chaleur.

À la fin il avouera, avoir souffert, mais il s'est rassuré en pensant aux autres coureurs qui n'étaient pas habitués à cette canicule. Pour ma part, je supporte bien la chaleur mais il me faudra dix litres d'eau pour arriver au bout de cette étape, complètement vidé et tétanisé par des crampes ! Les journalistes confirmeront en disant :

« Gabriel arrive en sautillant pour atténuer les douleurs un peu à la manière de lardons en train de revenir sur la poêle » !

Je termine à la même place que la veille et je suis donc cinquième au classement général à quelques poignées de minutes des premiers, aux aguets, prêt à saisir ma chance qui viendra lors de la cinquième étape.

Pour l'instant, repos et transfert à Trinidad. La ville restaurée n'a rien perdu de son charme colonial ; les pavés et les maisons couleur pastel contribuent à donner l'impression que le temps s'est arrêté depuis l'époque coloniale. Ce soir nous sommes à l'hôtel pour un repas bien mérité, l'estomac vide. Je demande avec insistance une collation. Après plusieurs heures d'attente, je vois arriver une serveuse avec une assiette dans laquelle je découvre quatre petites tranches de mortadelle ! Je les partage avec mes trois amis. Il n'y aura rien d'autre ! Nous sommes à la même enseigne que les Cubains… Le lendemain matin, je suis le premier au petit déjeuner. Le restaurant est fermé ; je regarde l'intérieur, je ne vois rien, une salle vide. Cinq minutes après, c'est l'ouverture ; vingt personnes installent les tables et les chaises afin que nous puissions nous restaurer. Pour les cubains, les relations privilégiées avec les pays de l'ancien bloc de l'Est n'existent plus. Ils échangeaient, par exemple avec l'ex-RDA, du sucre de canne contre du lait en poudre. Il faut maintenant payer le prix fort et les boutiques sont vides. Le savon manque, les queues s'allongent devant les magasins d'alimentation, la nourriture est rationnée, chacun ayant tout juste droit à 80 g de pain par jour, un litre d'huile, 900 g de poisson et un poulet par mois !

Troisième étape de 20 km au départ de Trinidad. Après un passage dans les rues, la campagne nous accueille. Je termine encore à la cinquième place à une minute du premier et 5 h 10' d'avance au général sur le dernier. La musique et la danse font partie de la vie ; c'est un état d'esprit, le dénominateur commun étant une allégresse naturelle doublée d'un solide sens de l'humour qui se révèlent l'ultime atout pour l'avenir.

Quatrième étape de 35 km au lac Hanabanilla. Les kilomètres défilent, le temps passe trop vite lorsque nous sommes hors des frontières. Nous repartons pour La Havane et le lendemain nous serons à Santiago de Cuba pour une journée de repos. C'est une ville portuaire située au nord-est à 762 km de La Havane ; c'est la deuxième ville du pays. C'est impressionnant toute cette jeunesse, dans un pays où près de 40 % de la population à moins de vingt ans et où le taux de scolarité est de 95 %. Au royaume de la canne à sucre, des chercheurs sont même à la pointe de la lutte contre le cholestérol. Ils ont mis au point l'un des premiers vaccins contre l'hépatite B, étonnant contraste dans un pays qui manque de tout ! Je profite de cette journée de repos pour faire le plein d'énergie car demain c'est l'ascension du point culminant de Cuba.

Départ de la cinquième étape ; au petit matin nous prenons la direction

de la mer. Après le briefing où je reste très attentif, c'est l'ascension du mont PicoTurquino qui culmine à 1 990 m, un beau dénivelé en perspective. C'est dans un silence total que nous nous élançons du bord de mer. Le sentier est très étroit, il va falloir jouer des coudes pour se frayer un chemin mais, pour l'instant, ce n'est pas le moment de jouer les costauds. Un long serpent multicolore s'allonge comme sur le Tour de France. Pour ma part, je me sens bien. Après quatre kilomètres de course, je piétine, ce n'est pas mon allure. Je décide alors de remonter la tête de la course pour revenir à la hauteur de mon ami Karim. Celui-ci me conseille doucement : « pas de bêtises, la route est longue ». D'un signe de la tête qui veut dire OK, je prends la tête de la course ; je suis dans ma plus grande forme et, en plus, j'adore la montagne. Je me dis que c'est peut-être mon jour. J'ai trois litres d'eau avec moi et quelques barres énergétiques, c'est une étape en autosuffisance. Je bois et m'alimente régulièrement, les jambes répondent, je me retrouve seul, je reste concentré ; les sentiers sont nombreux, je veille à rester sur l'axe principal. L'étape est très longue et le record pour l'ascension est de 2 h 30'. Le soleil s'élève dans le ciel, le temps passe, je relance mon allure dès que la pente se fait un peu moins raide, en me retournant je ne vois personne, c'est un bon signe et peut être une victoire d'étape. Je reste serein, tant que la ligne d'arrivée n'est pas franchie, il peut se passer énormément de choses. Je sors de la forêt et je regarde vers le haut, j'aperçois le sommet. J'entends des cris, c'est tout bon, la fin est proche, quelques centaines de mètres et ce sera la délivrance.

J'entends des « allez, allez, bravo ». Je vois la ligne d'arrivée. **Le directeur de course m'annonce le temps : 1 h 59 minutes ! Je suis le premier et j'ai battu le record de l'ascension du Pico Turquino ! La presse immortalise cet instant. J'attends mes collègues qui restent bouche bée devant mon exploit !**

La fatigue et la fraîcheur nous font redescendre. Il nous faudra quatre heures pour retrouver la mer. Je remonte à la troisième place au classement général. La presse cubaine ne manquera pas de relater les faits. Le petit Français dit « Astérix Le Gaulois » avait bien pris sa potion magique !

Dans les cours d'école, tous les matins à huit heures face au buste de José Marti, un poète révolutionnaire dont Fidel fut l'un des héritiers, des élèves participent dans un ordre toujours aussi impeccable au lever des couleurs à Hasta la victoria. Ce cri des Cubains « Toujours jusqu'à la victoire », nous l'avons repris pour notre compte pour vaincre la chaleur, notre principal ennemi.

La sixième étape se profile, quinze kilomètres dans la vallée de la Préhistoire, étape contre la montre qui nous fera découvrir la Gran Piedra dont le sommet culmine à 1 220 m et qui fait partie de la chaîne de montagnes de la Sierra Maestra. Les dix premiers kilomètres se font assez facilement dans la plaine sur une route assez étroite et en lacets. Etant classé troisième au général, je pars dans les derniers, il faut attendre le départ et c'est long… La chaleur se fait sentir ; plus on gravit la montagne, plus on sent le changement de température. Ainsi en partant à une température de 35° degrés, au sommet nous avons seulement 26°. Je me sens d'autant plus à l'aise qu'une bise constante chasse l'humidité du bord de la mer des Caraïbes. La flore est extraordinaire de beauté ; on y trouve des orchidées, des flamboyants, des pomélias, des bromélias, des heliconias, des héliotropes et d'autres espèces communes que l'on retrouve dans nos jardins français au cours de l'été. La route est très pentue, je double certains camarades qui cessent de courir. Arrivé à leur hauteur, je les encourage. L'étape s'avère très difficile pour atteindre la Gran Piedra. La course se complique car nous devons emprunter un escalier et gravir les 452 marches qui nous mènent au sommet.

Nous découvrons alors un immense rocher, vestige d'un ancien volcan sur lequel a été aménagé un belvédère. Un câble métallique permet de nous agripper. Enfin le sommet ! Je garde ma troisième place ! J'adore le paysage qui s'offre à mes yeux. J'aperçois au loin Haïti et la Jamaïque… La récupération se fait sur la plage de Daïquiri, puis nous avons un transfert sur La Havane à Cayo Lévisa située à une heure de Viñales.

Je profite de mon temps libre pour visiter une fabrique de cigares. La culture du tabac exige des soins permanents. Tout commence avec la préparation de la terre au plus chaud de l'été cubain et les labours se font encore à l'ancienne avec une charrue tirée par des bœufs. Le tabac planté en septembre sera récolté à partir de janvier. La cueillette se fait entièrement à la main et le séchage est réalisé dans des enclos appelés Casa Del Tabaco. Les feuilles cousues par paires sont alignées sur des perches. Une cinquantaine de jours plus tard a lieu la première fermentation des feuilles qui sont mouillées avant de passer dans les mains des régazadoras qui ôtent la nervure médiane, puis les classent en fonction de leur taille et de leur texture. Les feuilles triées sont rassemblées en ballots puis connaissent leur seconde fermentation.

Celles qui sont utilisées pour la fabrication des Cohibas subissent une troisième fermentation qui dure jusqu'à soixante jours à une température ne devant pas dépasser 42°. Elles vieilliront ainsi de six mois à deux ans. En 1863, cinq-cent-seize ateliers de tabac employaient

environ 15 000 tabaqueros. Aujourd'hui, à La Havane, il ne reste plus que quatre grandes fabriques en activité.

Septième étape soit 20 km à courir dans un nouveau décor. Dès les premiers kilomètres, un petit groupe, dont je fais partie, se détache. Nous perdons quelques coureurs, le rythme est soutenu et c'est à cinq que nous rencontrons les premières difficultés après 10 km de course. Les balises ne sont pas toujours évidentes à trouver et quelquefois les enfants les dérobent et c'est sûrement ce qui nous est arrivé. Après 12 km, il faut se rendre à l'évidence, nous sommes bel et bien perdus. Je ne mets pas longtemps à faire le rapprochement sur ce qui s'est passé un an plus tôt sur la route maya ; mais cette fois nous sommes cinq alors peut-être que le travail d'équipe nous aidera à sortir rapidement de cette mauvaise passe. Certains partent à gauche, d'autres à droite, c'est du n'importe quoi ! Je prends la décision d'arrêter tout le monde et je leur dis :

« Pour réussir, il faut rester ensemble, il n'y a plus de course ! Nous sommes perdus en pleine nature et personne ne connaît la région » !

Nous partageons eau et nourriture et prenons une décision ensemble sur la direction à prendre. Nous voilà repartis, je demande au groupe de grimper dès qu'il aperçoit un point culminant. Après un effort intense, nous atteignons un sommet. Nous scrutons l'horizon, mais ce n'est qu'une enfilade de collines. Nous continuons à grimper, à redescendre et regrimper sans fin ...Cela fait quatre heures que nous sommes perdus ! La fatigue se fait sentir, nous n'avons plus d'eau, plus de nourriture, nous sommes en sursis, loin de tout ! Nous ne pensons plus qu'à une seule chose, se sortir indemnes de cette mauvaise aventure. Le soleil est au zénith, il faut garder de l'énergie, nous ne savons pas s'il nous reste 10, 20 ou 50 km à faire... Six heures que nous cherchons en courant, toujours rien et nous ne rencontrons personne. Cela devient inquiétant ! Cependant, personne ne manifeste de signe de faiblesse, c'est sûrement ce qui nous donne toute cette force. Au détour d'un chemin nous découvrons un arbre couvert de pamplemousses. Un peu d'énergie et de réconfort... Après sept heures de recherches, nous apercevons, au loin, de grosses bâtisses. Nous rencontrons un couple très surpris de nous voir ; nous n'avons qu'une seule envie, nous désaltérer, mais impossible de nous faire comprendre. Il faut rassurer ces personnes ; au bout de négociations chaotiques, ils nous dirigent dans une pièce dans laquelle un ingénieux système de filtre transforme une eau saumâtre en boisson, je ne dirai pas énergétique...Je mettrai tout de même du temps avant d'avaler ma première gorgée. Nous restons raisonnables et repartons sans plus d'informations. Quelques kilomètres après, une maison, une voiture, peut-être un espoir... Nous serons vite fixés : pas une seule goutte de carburant et la première véritable route se trouve à 12 km ! Epuisés, nous proposons à des jeunes qui possèdent des vélos de prendre place sur les porte-bagages. Deux kilomètres plus loin, nous sommes déposés et repartons au pas de course. Les jeunes font demi-tour pour aller chercher les autres et ainsi de suite. Il nous faudra plus d'une heure pour rejoindre la route et nous aurons encore 35 km à faire, en stop cette fois-ci, pour rejoindre notre point de départ. C'est dans un camion-benne que nous embarquons, heureux tout de même de retrouver les autres coureurs. Nous ne sommes pas les seuls à nous être perdus. Le dernier coureur sera retrouvé aux alentours de minuit ! Après cette aventure, gros dilemme à débattre car toute la tête de course s'est perdue ! Les suivants se disent : « C'est bon pour nous, enfin une opportunité se présente, nous allons être en tête. Il faut de longues heures de négociations pour trouver un terrain d'entente et la décision ne sera prise que le lendemain. Finalement, l'étape sera neutralisée ! Ouf je m'en sors bien…

Pour préparer mon exposé dès mon retour, je suis toujours à la recherche de scènes de vie, de personnages, de sites exceptionnels. Je fais alors la connaissance d'un médecin, Andrès, qui me confie :

« Au niveau de la médecine et de l'école c'est zéro ! Au niveau de la recherche, il paraît que nous sommes très forts mais pour la médecine de tous les jours, il n'y a plus d'aspirine, plus de médicaments. Avec quoi voulez-vous soigner ? Triste constat, l'année passée la représentante locale de l'Unicef estimait que la moitié des enfants âgés de six à douze ans souffraient d'anémie. Les produits chimiques de base et les médicaments jadis en provenance d'URSS n'arrivent plus ».

À Cuba, l'armoire à pharmacie d'Andrès s'affiche comme une confirmation : pas une seule boîte de médicaments complète, simplement des gélules et des pastilles réparties dans des petits pots.

« Je manque de tout, reconnaît Andrès, je n'ai pas d'antibiotiques, pas de fils pour recoudre les ouvriers agricoles qui se coupent. Il faut que je trouve des solutions » !

Andrès ouvre la porte et montre son jardin, un petit potager de quelques mètres carrés avec les plantes qui lui fourniront les tisanes et les décoctions avec lesquelles il soigne laryngite, bronchite, hémorragie, etc… Ironie des paradoxes de l'abondance et de la pénurie, Cuba, comme l'Occident, se met aux recettes de grand-mère et de la médecine par les plantes.

Huitième étape d 32 km, la vallée de Viñales offre un paysage splendide : orangers, bougainvilliers par milliers, plantations de tabac, beaucoup de petites maisons de bois appelées bohios. Cette région est surtout réputée pour les mogotes, énormes buttes de calcaire datant de l'époque des dinosaures et désormais recouvertes d'une épaisse végétation. La formation de ces roches s'explique par un changement géologique important. La région était quelques centaines de mètres plus élevée au temps des dinosaures. Des rivières souterraines ont rongé le soubassement des roches, formant des grottes, ensuite le toit s'est effondré au fil des siècles. Lors de notre étape, cette vallée nous sert de décor, c'est à couper le souffle ! A 4 km de Viñales, sur un côté de la mogote Dos Hermanas, une fresque de 180 m de long et de 120 m de large représente le mur de la préhistoire.

Les jambes sont lourdes pour tout le monde. Rien ne viendra perturber le classement de cette avant-dernière étape. Nous sommes tous absorbés par cette nature luxuriante. Je reste bien positionné sur ma troisième place et nous voici partis récupérer à Cayo Levisa situé à l'ouest de La Havane, dans la région de Pinar Del Rio. C'est un tout petit paradis offrant un environnement sauvage et tranquille avec ses plages de sable blanc sur un fond de mer turquoise. Nous décrochons des noix de coco pour nous désaltérer, un régal de fraîcheur par cette chaleur. Il nous reste une petite étape de 12 km à La Havane sur le mythique Malecón. L'océan est de mauvaise humeur. Il arbore, au gré du ciel, les couleurs précieuses de l'émeraude ou du cobalt. Je me jette à l'assaut du Malecón. L'immense front de mer qui longe la ville de La Havane sur plusieurs kilomètres explose ses vagues sur les rochers, pour rouler ensuite en petits paquets d'écumes sur la chaussée humide et salée. L'air s'acharne dans son travail corrosif, rongeant les façades des anciennes propriétés coloniales construites en bordure de mer. Nous en prenons plein les oreilles, trempés jusqu'aux os, aspergés par les gifles que l'Atlantique déverse sur le bitume. C'est sous cet impressionnant cocktail vagues et soleil, que se termine cette expédition 94 à Cuba. Je finis à la troisième place à 6 h 10' du dernier. Je rentre très satisfait, avec des centaines de diapositives dans la petite boîte. Dès mon retour, je prépare un diaporama pour faire revivre ces moments de bonheur auprès des écoliers de mon village et des pensionnaires de la maison de retraite.

Ma campagne de Russie

Durant cette année 1994, beaucoup d'événements viendront se greffer, notamment un échec puisque je me séparerai de mon épouse Martine. Ce n'est pas facile de prendre une telle décision.

Pendant notre période d'adolescence nous grillons les étapes de la vie et jouons les rebelles envers les parents. Nous leur faisons comprendre qu'ils sont vieux et n'ont pas suivi l'évolution à travers la musique, la tenue vestimentaire et l'évolution des mœurs. À cette période de ma vie, mon but est de quitter le nid familial. Ce que j'ai fait très tôt après mon service militaire. Je me marie très jeune, pour le meilleur et pour le pire. Mais quand le pire domine, cela devient invivable. Je ne suis pas en train de me disculper. Dans notre cas, nous avions 50 % de torts chacun. Je le dis, c'est un véritable échec dans ma vie, surtout que nous avons un enfant…

Marathon d'Annecy

Je suis sur la ligne de départ du marathon d'Annecy pour la deuxième fois. Je repense à ce premier marathon couru ici durant lequel, sans expérience, j'avais réussi à déjouer tous les pièges et réalisé une belle course. Nous sommes le 17 avril 1994. Le temps est idéal pour courir une longue distance, j'aime ce lieu et, sereinement, j'avale les kilomètres. Je m'évade à la reconstruction d'une nouvelle vie…On m'a souvent demandé à quoi je pense lorsque je cours. Généralement, les personnes qui me posent cette question n'ont jamais participé elles-mêmes à des courses de fond. Lorsque je cours, si je viens de sortir du travail, je retrace ma journée et je solutionne des problèmes. J'ai le temps d'analyser une situation et le lendemain je peux mettre en application mes réflexions. Souvent je prépare mentalement mes futurs voyages. C'est le printemps à Annecy en ce début avril, la renaissance d'une nouvelle année, l'éclosion des premières fleurs, une période gaie que j'adore.

Je découvre des lieux que je n'avais pas vus lors de mon premier passage. La région est tellement belle… Les kilomètres défilent ; à mi-parcours, j'ai 18 mn d'avance sur mon premier marathon, pas de doute je ferai mieux, je suis motivé. À l'arrivée, ce sera trente minutes de moins c'est-à-dire 2 h 49.

Première course avec Florent

Le 26 juin 1994, je décide de faire participer mon fils Florent à une course de 8 km à Epeugney dans le Doubs. Le départ donné, je le suis en VTT, je le motive, il faut les pousser ces jeunes ! La chaleur met vite les organismes à rude épreuve. Il garde un bon souvenir de cette expérience mais ne cherchera pas à la réitérer. Depuis le début de l'année, je rencontre régulièrement mon ami Didier qui est responsable du secteur « jeunes » à la maison de quartier des Aubépines à Chalon-sur-Saône. En 1992, il s'aventure avec des jeunes sur une course en relais à travers l'Espagne et le Maroc.

L'année suivante, il part un mois sur les routes de l'Europe de l'Est et du Proche-Orient pour rejoindre Jérusalem. Didier veut, à son tour, organiser une grande expédition avec les jeunes de la maison de quartier. Il me demande si je veux participer à ce long voyage ; il a frappé à la bonne porte ! Vouloir traverser le Proche-Orient ou les pays de l'Europe de l'Est en courant, c'est avoir envie d'aller à la rencontre des autres en utilisant le moyen de locomotion le plus simple donné à l'homme pour se mouvoir : ses jambes !

4 000 km de Chalon à Moscou

Certes, la pratique sportive implique un effort permanent, mais au-delà de cet investissement physique, naissent les valeurs fondamentales et nécessaires à l'équilibre de l'homme et, à fortiori, de l'adolescent. Ce sont ces valeurs que nous voulons développer avec les jeunes, mais aussi aiguiser leur curiosité et leur sens critique au regard de la vie du XXème siècle. Dans un parcours qui les amènera

au bout de leur engagement, ils vont acquérir le goût de l'effort, le partage de la vie avec les autres et davantage de confiance en eux pour mieux s'intégrer dans la société.

Le projet, c'est une course en relais de 4 000 km à travers onze pays au départ de Chalon-sur-Saône : la Suisse, le Lichtenstein, l'Allemagne, l'Autriche, la République Tchèque, la Slovaquie, la Pologne, la Lituanie, la Lettonie et la Russie avec arrivée sur la place Rouge. Le périple se déroule du 9 au 31 juillet 1994. La caravane, coureurs et l'assistance, sera composée de soixante-dix personnes et de dix véhicules dont sept à l'usage de la course elle-même.

Les trois autres se partagent les tâches de restauration, d'assistance mécanique et les détails administratifs souvent compliqués au passage de certaines frontières.

Chaque équipage est donc formé de deux adultes et sept adolescents. Nous prenons toutes les quatorze heures un relais de 26 km, réalisé en deux heures, pour un total journalier de 312 km. Il nous faudra donc treize jours de course à pied, nuit et jour, pour boucler les 4 000 km. Le samedi 9 juillet 1994 à dix heures, c'est le grand départ à Chalon-sur-Saône. Les élus et la presse sont là, il y a foule. Le premier relais donne le rythme et c'est parti jusqu'à la place Rouge. Nous sommes tous très émus. Notre véhicule, le numéro trois, prend son premier relais à quatorze heures. Je cours avec mon fils, notre devise c'est courir à allure régulière à 13 km/h durant deux heures pour remettre le relais dans les temps au véhicule n°4 qui le passera ensuite au n° 5 et ainsi de suite. Nos relais vont se dérouler à toute heure du jour et de la nuit.

Le plus difficile, c'est de prendre un relais au milieu de la nuit. Si nous avons du retard, c'est ce qui nous arrivera au relais 45, que nous devons prendre à quatre heures du matin, nous sommes tous fatigués et personne n'entend le réveil ! Il est 4 h 45 quand j'arrive à la rencontre de nos amis qui ont fait quarante-cinq minutes de rab ! Ça grimace dans le véhicule n° 2 ! Je prends notre deuxième relais à quatre heures ce dimanche matin, il sera 4 h 30 quand nous passons la frontière suisse et déjà 241 km parcourus.

Depuis le départ nous avons un document complet sur l'organisation dans lequel on trouve tous nos relais et les points de ravitaillement du midi et du soir. Ceux-ci se positionnent le midi entre 11 h 15 et 12 h 45 et le soir entre 19 h 15 et 20 h 45 sur un lieu précis. Les véhicules qui sont dans leur relais à ce moment-là anticipent leurs repas la veille avec des paniers pique-nique. Après quelques jours, l'organisation est bien rodée. Suite à nos relais, nous trouvons un endroit pour nous reposer, si possible avec un point d'eau, une rivière, un lac pour se laver. Nous avons quatorze heures devant nous avant le prochain relais, c'est-à-dire 156 km, ce qui veut dire une organisation millimétrée. Le repas du soir reste très convivial car nous échangeons entre nous toutes les subtilités et les infos de la journée. Si notre prochain relais démarre au milieu de la nuit, nous partons nous positionner près du lieu de départ. Nous passons des nuits à la belle étoile en pleine nature. Des liens se créent au sein du groupe, c'est très convivial. Dès que nous avons une opportunité pour visiter un lieu, nous prenons le temps de le faire. Après un bon bain au lac de Neuchâtel, nous partons à Lenzbourg pour prendre à

18 heures notre relais au kilomètre 416. 111 km courus en Suisse et 21 km au Lichtenstein. Avec 36 000 habitants, c'est le quatrième plus petit État indépendant d'Europe. Ils parlent le suisse allemand et leur monnaie est le franc suisse. Nous entrons en Autriche, pays aux huit frontières. Elle est enclavée entre l'Allemagne, la République Tchèque, la Slovaquie, la Hongrie, la Slovénie, l'Italie, la Suisse et le Lichtenstein. Nous courons dans une nature prodigieuse, des lacs aux eaux pures, de superbes massifs montagneux.

Nous en savons quelque chose lors de ce relais où il faut maintenir la cadence dans la région du Tyrol. La bière ce sera pour plus tard et nous ne passerons pas par Vienne sur les pas de Sissi ou de Mozart, mais la campagne nous apportera tout autant. Au passage, nous admirons ces maisons cossues dont les balcons disparaissent sous les géraniums-lierre. Un plongeon dans le lac de Plansee nous fait un grand bien.

170 km courus en Autriche, nous voici en Allemagne au restoroute où nous retrouvons l'ensemble des coureurs. Didier en profite pour faire le point et nous annonce que la police accompagnera les relayeurs tout au long de la traversée de leur pays. Nous ferons un tour de table, tout le monde apportera sa pierre à l'édifice pour les anecdotes des moments forts de la journée, tout ceci sera accompagné d'une petite bière lors de cette soirée conviviale.

Nous visitons le stade olympique de Munich, grandiose avec ses 90 000 places. J'imagine la formidable ambiance des soirées de match. Étape de nuit de 22 h à 24 h que nous courons en Allemagne, avec les motards de la police qui nous accompagnent. Retour par le nord de l'Autriche, nous passons la nuit à Salzbourg où nous ne manquerons pas au petit matin de visiter la ville qui a vu naître Mozart. La vieille ville est particulièrement intéressante car elle a su préserver son caractère gothique flamboyant et baroque. La cathédrale Saint Rupert, de style roman à l'origine, a été détruite dans un incendie. Elle fut reconstruite en style baroque.

Le site urbain est dominé par des églises, des châteaux et la forteresse de Hohensalzburg, emblème de la ville.

Nous prenons le relais n° 38 du 962ème au 988ème km, ensuite direction la République Tchèque, sans oublier de tamponner nos documents avec l'emblème du pays. Nos relais ont lieu à quatre heures du matin et à deux heures le jour suivant, ce qui nous laisse du temps pour découvrir Prague. Depuis la chute du communisme, la ville, dirigée par Václav Havel, est devenue l'une des plus prisées d'Europe.

Le majestueux pont Saint-Charles construit au XIVème siècle, de 516 m de long, bordé de statues baroques, enjambe le large lit de la Vltava. Il est envahi par les amuseurs publics et les marchands ambulants. Le château, vieux de mille ans, forme quasiment une ville à lui tout seul ; c'est aussi le gardien de l'histoire et de la culture tchèque. Nous sommes attirés par un ensemble excentrique de bâtiments anciens, emblématiques de la ville, notamment le vieil hôtel de ville où toutes les heures nous découvrons le spectacle de sa célèbre horloge astronomique et l'opulent Théâtre national, bastion de la culture tchèque.

En quittant Prague, nous constatons que les frontières sont de plus en plus gardées. Il faut être patient et remplir une quantité de documents ! La Slovaquie nous accueille et nous prenons le 59ème relais au nord de Bratislava, la capitale du pays. Le Danube, l'un des plus grands fleuves du monde, 3 016 km, traverse la Slovaquie. La chaîne montagneuse des Carpates s'étend sur la partie septentrionale du pays. Le pic Gerlachovsky, avec ses 2 655 m, est le point culminant du pays. Nous fermerons cette traversée de la Slovaquie lors du 66ème relais à six heures du matin aux portes de la Pologne.

Un des moments forts de cette expédition que je n'oublierai jamais est la visite du camp de concentration d'Auchwitz. Sur le portail sont inscrits ces mots cyniques : « Arbeit macht frei » (Le travail rend libre). Si certains d'entre nous chahutaient avant la visite, nous en sortons tous sans un bruit, la larme à l'œil, véritablement bouleversés… En citation du jour, Didier nous dit :

« Si on tue un homme, on est un assassin, si on tue des milliers d'hommes, on est des conquérants, si on les tue tous, on est un Dieu » (Jean Rostand).

Nous courons deux relais en Pologne, le premier à 22h, juste après avoir passé la mi-course, puisque nous sommes au kilomètre 2 054 et le deuxième à 12h. L'organisation est excellente, les jeunes sont à l'écoute. En plus d'une demande de participation à tous les coureurs, le travail en amont a permis de trouver des sponsors. Avant le grand départ, une somme a été attribuée à chaque véhicule. Chacun gère son budget comme il l'entend, mais nous sommes là pour faire découvrir tous ces pays traversés aux adolescents, visites de musées, spectacles etc... En Pologne, nous survolons une partie du pays dans un petit avion. Emerveillés, les jeunes et nous-mêmes avons passé un moment très convivial. Le soir, au restoroute, ils se sont empressés de raconter leurs aventures aux copains et copines. Conduisant le véhicule après notre relais, je m'engage sur une longue ligne droite ; une dizaine de véhicules me précède et les jeunes me demandent de doubler. Il n'y a personne en face, la file avance lentement, je m'engage à doubler et tout le monde en chœur : « Et deux et trois et quatre... ». Je me retrouve en tête sous les applaudissements qui furent de courte durée. La maréchaussée, sirène au maximum, me fait signe de m'arrêter. Je ne le fais que deux kilomètres plus loin, ce qui n'a pas du tout arrangé la situation ! Les policiers me montrent le radar, je fais mine de ne pas comprendre. Tel un hors-la-loi, je me retrouve menotté et, ironie du sort, toutes les voitures que j'avais doublées défilent devant moi, grand sourire en klaxonnant. Résultat, une amende d'un million de zloty ! Quand j'ai vu tous les zéros alignés, j'ai pris peur ; toute la cagnotte va y passer, je ne pourrai plus rien faire avec les jeunes ! Vite, je demande la conversion en francs, je pousse un soulagement : vingt francs à payer ! Après acquittement, je suis aussitôt libéré de cette mauvaise passe...

Nous visitons la mine de sel de Wieliczka datant du XIIIème siècle. Elle exploite son gisement de sel souterrain sur neuf niveaux et 300 km de galeries. C'est la plus ancienne mine de sel d'Europe encore en exploitation à ce jour.

Nous quittons la Pologne pour la Lituanie avec une certaine nostalgie. Les Polonais sont accueillants, c'est le résultat d'un certain savoir-vivre. Souvent, j'ai remarqué la même réaction ; lorsque les gens n'ont pas grand-chose, ils sont prêts à vous aider, à vous rendre service, c'est sûrement cela l'instinct de survie… Nous, Européens, sommes-nous prêts à réagir de la sorte en voyant un étranger dans le besoin ? C'est là que commence la solidarité, l'entraide, le savoir-vivre, sujet complexe dont je reparlerai plus tard… La paix on peut dès maintenant y réfléchir. Qu'est-ce que je fais pour la paix ?

Je prends le relais 94 à 8 h, à Marijampole. (Mais où est donc passé le mari de Jean-Paul ?) Mais ce n'est pas de la rigolade, 26 km de faux plats, direction Azuolubuda. Nous sortons à l'est de la Lituanie au kilomètre 2 800 ; c'est un regroupement de toute la caravane durant lequel nous échangeons nos expériences, nos visites, nos problèmes mécaniques. Après cette analyse, tout est remis dans le droit chemin afin que ce séjour reste ancré dans nos mémoires.

Nous arrivons en Lettonie dont 10 % du pays se trouvent en-dessous du niveau de la mer. Le relief est un des plus plats au monde. Les relayeurs en profitent pour souffler un peu, les kilomètres sont bien là dans les jambes et le soir, ce n'est pas un lit douillet que nous retrouvons mais un matelas naturel à l'air libre avec les étoiles pour plafond !

Heureusement, nous sommes au mois de juillet. Les réveils sont difficiles dans de telles conditions. Quand il pleut, nous tendons une bâche au-dessus des matelas !

Nous quittons la Lituanie pour la Russie, le plus vaste pays de la planète avec plus de dix-sept millions de kilomètres carrés et cent-quarante-trois millions d'habitants. La frontière est bien gardée, ça ne rigole pas ; nous décidons de continuer et de rouler à deux véhicules pour nous entraider en cas de problème. Dès les premiers kilomètres les ennuis commencent avec une première crevaison. Le soir, après notre installation de fortune près d'un bois, nous sommes attaqués par des centaines de moustiques. Le feu que nous avons allumé ne changera rien et toute la nuit ils vont s'en donner à cœur joie ! Le réveil matinal nous fera lever le camp rapidement, mais nous constatons une deuxième crevaison sur notre véhicule. La roue de secours de nos camarades sera bien utile. Au premier garage, après avoir écarté le pneu, l'employé est surpris de constater qu'il n'y a pas de chambre à air. Le mot est vite passé, c'est tout le village qui défile dans ce garage de campagne pour voir cette roue sans chambre à air ! Nous reprenons nos roues à la recherche d'un mécanicien. C'est un groupe de jeunes travaillant dans une casse automobile qui nous dépanne. Ne sachant réparer ce genre de roue, ils ajouteront une chambre à air.

Je suis surpris de voir d'énormes engins agricoles au beau milieu des champs de céréales, en panne, entourés d'une végétation ayant poussé tout autour ! Avec la fin du collectivisme, les agriculteurs travaillent maintenant la terre avec des chevaux. Le revêtement de la chaussée étant de très mauvaise qualité, nous ne pouvons pas rouler très vite. Tous nos véhicules subissent au moins une crevaison. Les kilomètres défilent, les relais s'enchaînent, nous avançons dans la Russie de Boris Eltsine. C'est le samedi 23 juillet 1994 que, tous ensemble, nous arrivons sur la place Rouge.

Moment extraordinaire ! Je pense qu'il aurait été difficile de venir jusque-là sous le règne du sanguinaire Staline. Nous sommes tous très émus sur cette vaste esplanade rectangulaire bordée, au sud, par le Kremlin où le mausolée de Lénine est adossé. Je pense aux grands moments de l'URSS et à tous ces dirigeants au garde-à-vous, face au défilé sur la place Rouge. C'est tout une partie de l'histoire et de la politique russe qui s'est écrite à cet endroit. Au fond de la place nous découvrons la cathédrale Saint-Basile, l'un des plus beaux monuments de l'art orthodoxe avec ses coupoles aux multiples couleurs et qui donnent une toute autre apparence que celle d'une église. Nous resterons trois jours à Moscou à visiter et à discuter avec notre interprète. Nous découvrons le métro de Moscou, d'une rare beauté avec ses décors en marbre, un véritable palais souterrain. C'est l'un des plus fréquentés au monde. Nous rencontrons des militaires, bouteilles de vodka à la main. La pauvreté est omniprésente en ville par rapport à la campagne. Ce retraité, rencontré près de sa maison, nous confie :

« Pour nous, c'est la débrouille, les retraites sont mal payées, nous avons tous un jardin, de la volaille, c'est le système D » !

À Moscou, je suis attiré par une file de personnes qui, après la fermeture des magasins, se rangent côte à côte pour vendre un morceau de savon, un peigne, une brosse pour se faire une pièce et pouvoir manger. Plus loin, on nous propose des animaux, une salade, ou encore une poignée de légumes secs. À côté de tout ça, on trouve des magasins de luxe et d'immenses galeries marchandes. Nous sommes complètement dépassés par ces contrastes.

Le lendemain, c'est le retour en France, en cinq étapes. De ces trois semaines passées au sein du vieux continent, je n'oublierai jamais la visite du camp d'Auchwitz. Ce qui m'a le plus touché, c'est la situation économique de la Russie que je trouve préoccupante, en état de grande désorganisation mais aussi de grande pauvreté.

Cette expérience fut très enrichissante dépassant l'exploit sportif, c'est la découverte de différentes cultures et les échanges avec les populations qui nous ont le plus marqués.

À la fin de l'été, c'est mon retour à la vie de célibataire. Ce n'est pas facile de prendre une telle décision, car c'est un échec. Quelque part, on ne stoppe pas tout du jour au lendemain sans y avoir longtemps réfléchi. Je ne pense pas non plus que l'être humain soit fait pour rester seul. De temps en temps ou par nécessité, on peut le concevoir, mais à long terme, je ne crois pas.

Pour l'instant, je reste dans ma dynamique, je prépare le marathon de Besançon ; ville si proche, je ne vais quand même pas passer à côté ! C'est le premier marathon de la capitale comtoise organisé le 6 novembre 1994. Je ne suis pas en terre inconnue, les spectateurs sont au rendez-vous, c'est beaucoup plus motivant. Après un passage à travers les rues de la ville, on aperçoit la Citadelle de Vauban.

En petits groupes les coureurs se dispersent tout au long du parcours. Devenu un spécialiste dans ce domaine, je reste concentré, je gère tous les instants et, en revenant sur la ville, je visionne dans ma tête la distance restante à courir. L'arrivée est jugée au stade Léo Lagrange sous les applaudissements des copains, des amis venus découvrir ces athlètes d'un jour. Je termine satisfait en 2 h 48 et à la 24ème place.

Un tournant dans ma vie

Cette année 95 sera l'installation dans ma nouvelle vie. J'ai quitté ma maison de Mamirolle et j'habite désormais en appartement à Besançon. Je sais que je ne resterai pas entre quatre murs et les projets se bousculent déjà dans ma tête. Cependant, ce retour en ville n'est pas entièrement négatif : je suis avec Sonia, ma nouvelle compagne et future épouse, divorcée, qui vit avec ses deux enfants Mickaël et Jérôme. Le fait d'être en appartement me pousse et je m'organise pour sortir dès que possible. Nous construisons des projets tous ensemble pour le week-end et le moindre instant est utilisé pour s'évader dans le bois de Chailluz tout proche.

Je fais la connaissance du frère de Sonia, César. Ensemble, nous partons skier au Grand-Bornand en Haute-Savoie. Cette commune de 2 195 habitants, comme tous les villages de montagne en hiver, voit sa population quadrupler. Le massif couvre toute la chaîne des Aravis. Nous déchargeons tout le matériel ; les chaussures, les bagages et nous grimpons une première pente puis de nombreux escaliers pour arriver vers un petit chalet où tous ses copains de promo nous attendent. L'accueil est très chaleureux dans ce chalet magnifiquement bien décoré. C'est une soirée bien arrosée qui se dessine en refaisant le monde à la lueur des lampions, lorsqu'à minuit un des copains nous propose, pour bien démarrer ce séjour, une sortie nocturne à ski.

Nous sommes tous d'accord et c'est parti dans un grand fou rire général à l'assaut de la première pente. Arrivés au bas de la piste, à cette heure tardive, aucune remontée mécanique ne fonctionne et il faut se coltiner toute la remontée à pied avec nos lourdes chaussures de ski. Les chutes sont nombreuses, nous mettrons une heure pour remonter, quelle soirée !

La saison hivernale se présente bien, le manteau neigeux est visible sur tous les massifs. Pendant les vacances scolaires, nous décidons de partir en famille à Samoëns, petite station qui vit principalement du tourisme.

Nous sommes en Haute-Savoie, pas très loin de Genève, dans un cadre de montagne agréable où nous retrouvons le frère de Sonia venu avec ses amis, skier sur ce grand massif. Chacun évolue à son allure. À midi, nous nous retrouvons tous pour prendre un café après le repas. Ces séjours aux sports d'hiver sont des moments d'échanges privilégiés, tout comme ces fêtes de fin d'année passées autour d'une bonne table en famille.

En avril, nous rencontrons en famille mon ami Dominique avec qui j'ai couru à Cuba. Il habite en bord de mer à La Grande-Motte dans l'Hérault. Avec ses immeubles en forme de pyramide, La Grande-Motte reste une grande station balnéaire. Le projet Jean Balladur est très décrié à l'époque (en 1960). Sur ces marécages infestés de moustiques, ce grand projet ne satisfait pas la majorité. Nous avons tant de choses à nous raconter et nous échangeons ce plaisir, à la découverte de la région. Avec la bande de copains, j'ai repris le VTT, c'est un bon complément à la course à pied. De longues sorties s'enchaînent, 50, 60 km. D'ailleurs, j'utilise ce moyen de locomotion pour me rendre sur mon lieu de travail à l'hôpital à Besançon.

Une fois installé dans ma nouvelle vie, je me suis remis à courir avec enthousiasme tous les matins, en inhalant l'air frais et tonique. Je ressens une joie renouvelée à courir, le bruit de mes foulées, de ma respiration, des battements de mon cœur, tout se mêle avec bonheur sur ces nouveaux chemins. L'envie de repartir me trotte dans la tête en ce début d'année 1996. Nous programmons une nouvelle expédition au ski, les premières vacances de l'année, une coupure nécessaire de repos et de déconnexion. Nous irons à Val-Thorens, la station la plus haute d'Europe située à 2 300 m. L'enneigement y est exceptionnel, grâce à son altitude, la neige ne se transforme pas en glace. Elle fait partie des Trois Vallées qui totalisent 600 km de pistes. Nous ne les ferons pas toutes ! C'est un réel bonheur, la neige est douce, nous partageons une belle semaine sous le soleil avec les enfants.

Le mont Saint Michel

En juin 1996 je pars seul pour une nouvelle aventure. A chaque fois, je pense à la chanson de Sylvie Vartan :

« Mais où vont-ils donc les hommes quand ils s'en vont. Ne saura-t-on jamais quand ils nous abandonnent, ils sont bien quelque part, sur le quai d'une gare... »

Les séparations deviennent difficiles mais Sonia comprend que j'ai besoin de partir. Direction La Ferté-Fresnel dans l'Orne sur un parcours en cinq étapes de 160 km à travers les routes de la campagne, chemins, sentiers côtiers : objectif le Mont-Saint-Michel. Cette course à pied est organisée par l'association touristique sportive et culturelle des administrations financières de Paris. Dans cette épreuve, il y a deux vainqueurs, le sport et l'amitié ! Pour ma part, mon objectif sera encore d'aller jusqu'au bout de l'effort et de garder toujours le moral qui représente 90 % de la réussite. Arrivé la veille, je suis accueilli par l'organisateur, Daniel et je fais connaissance de toute l'équipe lors d'une belle soirée d'échange. Le lendemain, à 16 h, c'est la cérémonie d'ouverture officialisée par le président de l'ATSCMF et Monsieur le maire de la Ferté-Fresnel, tout un protocole pendant lequel chacun des participants se présente. Parmi nous, trois Belges : Eric, Max et Raphaël. Ils ne seront pas tristes ces trois compères ! Les histoires belges que nous racontons ne sont rien par rapport à tout ce que nous allons entendre durant les soirées. Leurs dires et leurs accents bien prononcés nous font mourir de rire.

Nous devons traverser l'Orne, le Calvados et la Manche. Le départ, donné à 21 heures, ne convient pas à tous les organismes. Certains se sont gavés avant de partir ; ils ont vite compris leur douleur… J'ai l'impression de rencontrer des novices, je vais jouer un coup de poker : je lance les hostilités dès les premiers kilomètres. Après 8 km de course je me retourne au bout d'une longue ligne droite, personne derrière moi ! À ce moment, je me dis, non, le mauvais sort ne se renouvelle pas une troisième fois, je dois absolument retrouver une balise ; j'observe à droite, à gauche et bien sûr je ne rencontre personne. Pas le moindre indice, ce n'est pas possible ! Je cherche à me rassurer, mais dans ces moments de panique, les pensées se bousculent dans le cerveau, du style « jamais deux sans trois ». Je revis les épisodes du Guatemala et de Cuba complètement perdu, à errer pendant des heures et des heures ! La nuit va tomber, ce sera encore plus difficile, la panique me fait perdre mon avance, je dois me remettre dans la course. Tous mes sens en éveil je réfléchis et je me dis : jusqu'à présent, j'ai suivi les balises et, normalement, tant qu'il n'y a pas de changement de direction, je dois rester sur l'axe principal. J'arrive à un carrefour et je découvre enfin un panneau indicateur. Je pousse un grand « ouf » de soulagement. Plus loin c'est un véhicule de l'organisation qui vient m'annoncer que ça revient derrière, ils sont à mes trousses ! Mon ami Laurent arrive vers moi au 16ème kilomètre, nous serons souvent dans cette situation. C'est le genre de personne qui a du mal au départ, comme un ancien moteur diesel, mais quand il est bien chaud, rien ne peut plus l'arrêter, il devient redoutable ! Je le laisse poliment me dépasser. J'arrive juste derrière lui : une petite accolade, nous allons répondre aux interviews et accueillir les autres coureurs. Il est tard lorsque nous retrouvons notre lit et il faut récupérer car demain, nous aurons une belle étape, un marathon.

C'est sous la chaleur que se déroule le marathon de Chamblois à Falaise, étape décisive qui va générer des écarts et des positionnements dans le classement général. Si je veux frapper un coup, c'est aujourd'hui, la chaleur ne devrait pas trop me gêner. Je dois partir doucement, pour cela je n'ai qu'à suivre mon diesel Laurent qui évolue tranquillement avec ses grandes jambes. Je ne connais pas le parcours, j'aime découvrir ces lieux qui occupent l'esprit sur ces longues distances ; je me mouille régulièrement le visage, les bras pour faire descendre la température. Laurent a décidé de rester à mes côtés, c'est même lui qui, au 35ème kilomètre me voyant faiblir, m'encourage ! L'objectif, c'est de tenir jusqu'au bout, personne ne reviendra sur nous. Il me faut 3h45' d'efforts pour arriver à Falaise, épuisé, mais soulagé d'avoir gardé ma deuxième place, Laurent m'ayant lâché dans les derniers kilomètres. Je reprends 14 mn. Les derniers passeront deux heures de plus sur les routes. Notre trio belge animera la soirée avec leurs histoires du cru !

La troisième étape nous conduit de Falaise à Pont-d'Ouilly. J'ai bien récupéré. Habituellement, après un marathon, on ne court pas pendant plusieurs jours, mais là, ce n'est pas le cas. Laurent a une vingtaine de minutes d'avance sur moi au classement général, il n'est pas inquiet et, comme à son habitude, il part lentement. Je suis à ses côtés et nos Belges viennent aux avant-postes. Nous courons par une température idéale, mais avec 450 mètres de dénivelé, l'étape n'est pas de tout repos. Nos amis belges se calment rapidement… L'objectif c'est de tenir si l'on veut voir le Mont-Saint-Michel. Je ne lâche pas d'une semelle Laurent et nous finissons main dans la main cette étape en 2h42'. L'histoire belge ne sera pas écrite aujourd'hui.

Le temps est à la récupération, car demain nous aurons deux étapes dans la même journée avec l'arrivée au Mont-Saint-Michel, qui se dresse au cœur d'une immense baie envahie par les plus grandes marées d'Europe.

La première église du Mont-Saint-Michel fut construite en 709 et tout au long des siècles, des édifices sont apparus. Le site est devenu une prison lors de la Révolution. À partir de la fin du XIXème siècle, d'importants travaux de restauration ont été entrepris. C'est un des lieux touristiques les plus visités de France. Il reçoit aujourd'hui plus de trois millions de touristes par an. Après un bon petit déjeuner à base de fruits frais, céréales et boissons chaudes, nous nous préparons à vivre une journée spéciale. Tout commence par un contre-la-montre au départ de Granville. Nous encourageons les derniers du classement à prendre le départ, eux qui, pour une fois, se retrouvent en tête de la course, un honneur ! Toutes les deux minutes ; un nouveau départ ; l'attente est longue, je pars l'avant-dernier, je double Max le Belge qui peine dans le sable en lui adressant un petit encouragement au passage. Quelques coureurs se lâchent, sachant que la fin approche. L'après-midi, la deuxième étape nous conduit au Mont-Saint-Michel qui est à portée de main. Le parcours est tracé dans la baie, dans tous les sens, un vrai labyrinthe ! Nous sommes tentés de couper au plus court… Malheur à ceux qui le feraient ! Les sables mouvants les piégeraient très vite ! L'arrivée est jugée sur l'allée principale, encouragés par les touristes. C'est un sentiment exaltant qui me soulève lorsque je franchis la dernière ligne droite ; je termine à la deuxième place cette belle aventure! Ce fut pour moi une grande émotion qui reste un souvenir encore gravé dans ma mémoire.

Vacances à Guilvinec

Ce mois d'août 96 en famille, nous prenons la direction du Guilvinec au bord de l'océan pour quinze jours de vacances reposantes. Cette ville se situe en Bretagne, dans le Finistère. Le retour des bateaux de pêche est un attrait touristique. Tout ce poisson sera vendu à la criée ; ce marché est le rendez-vous incontournable de la vie locale, le point de rencontre de la population et des estivants. La vie au camping dans un mobil-home sera très agréable. Nos deux grands enfants en profiteront pour faire des fugues. Nous visitons la région jusqu'à la Pointe du Raz. À l'occasion des fêtes villageoises colorées, nous découvrons les produits bretons : biscuits, crêpes et cirés jaunes, nous n'en aurons pas besoin, une seule demi-journée de pluie en quinze jours ! Nous repartons, heureux d'avoir pris un bon bol d'iode. Les enfants nous raconteront leurs escapades nocturnes au retour.

Marathon de Berlin

L'année 1996 se referme avec ma participation au marathon de Berlin en compagnie de mes amis Didier et Alain. Cette ville a tant fait parler d'elle après sa séparation avec le fameux mur construit en 1961 qui a provoqué la douloureuse séparation des familles et 1 135 victimes. Celui-ci sera détruit le 9 novembre 1989. Arrivés le vendredi dans un logement réservé par Alain qui connaît très bien les lieux, nous assurons un dernier entraînement dans les rues. Berlin est à nouveau officiellement la capitale de l'Allemagne depuis le 20 juin 1991. Notre visite nous conduit au Reichstag construit dans le style néo-renaissance entre 1884 et 1894.

C'est le siège du parlement de la République fédérale d'Allemagne. Un coup d'œil sur la tour de la télévision avec une hauteur de 368 mètres, puis nous passons par la Karl Marx Allée et l'Alexander Platz, le Chech-Point-Charlie , symbole de la confrontation entre l'URSS et les États-Unis. Après la chute du mur tout ce qui rappelait l'existence du poste de frontière a disparu. C'est à l'initiative du docteur Hildebrandt que l'on peut à nouveau revivre les années de la division. L'arrivée du marathon se fera après avoir passé la porte de Brandebourg. Aujourd'hui, c'est le grand symbole européen de la paix et de l'unité.

La traversée de la Lozère

1997 se déroule avec des courses régionales et j'irai à la découverte de notre patrimoine français, si différent entre le Nord et le Sud. Je fais connaissance avec un organisme atypique qui propose des courses à pied sans dossard ni chronométrage. Cette formule me plaît, cette année, ils organisent la traversée de la Lozère. J'avoue que ce n'est sûrement pas une destination qui m'aurait attiré et pourtant je suis surpris, en ce mois de juin, lorsque je débarque à Chadenet. Le ton est donné : ce sera campagne, nature, la France profonde… Le rendez-vous est fixé au bistrot du coin, une dizaine de personnes se lancent dans cette nouvelle aventure. Après les présentations, Pierre, l'organisateur, nous explique le déroulement des étapes qu'il a tracées méticuleusement sur des cartes IGN, visualisant l'ensemble du parcours. Chacun aura tous les morceaux d'étape avec lui. Nous partons, carte en main, où sont indiqués, ravitaillement et passages difficiles. Ainsi, aucune balise ne matérialise le parcours, pas de chronométrage non plus, seulement un numéro de téléphone à n'utiliser qu'en cas d'extrême urgence. Nous voici, marchant à travers ce petit coin de France, direction Lanuéjols. Le paysage s'étend sur d'immenses pâturages entrecoupés de bois, de prés, de landes et de ruisseaux. La Lozère est le département le moins peuplé de France avec quinze habitants au kilomètre carré et celui qui possède l'air le plus riche en ozone. Les hommes sont rudes, vivant dans un climat rude ; les Lozériens sont connus pour leur sens de l'hospitalité et pour leur attachement au sol natal. La vocation du département est d'abord agricole, il n'y a pas d'industrie. Longtemps isolée, cette région s'est largement ouverte au tourisme malgré des routes étroites et tortueuses, mais tellement pleines de charme.

Le ravitaillement du midi se prend sur le pouce : jambon, fromage, fruits et c'est reparti pour l'après-midi sur les GR 49 et 44. De petits groupes se sont formés sur un bon rythme et nous arrivons au terme de cette première étape. Nous serons accueillis dans un gîte sympathique et, après une nuit réparatrice, nous repartons dans la campagne sur le GR 7, sentier de grande randonnée. En France, ils sont décrits dans des guides topographiques par la Fédération Française de la Randonnée Pédestre. Les dix premiers ont été tracés en 1946. Actuellement, ils totalisent 60 000 km. Pierre, qui connaît parfaitement la région, vient de temps en temps suivre son troupeau sur le parcours. Lorsque l'un de nous s'égare, il prend un malin plaisir à nous dire : « alors les jeunes, on jardine ? Débrouillez-vous » ! Résultat, ce sera 10 km en plus à parcourir pour revenir sur le droit chemin. Nous passons près du lac de Villefort, une retenue de barrage à 600 m d'altitude. Cette étape conduit au mont Lozère avec le Pic Finiels qui culmine à 1 699 m. Ces forêts sont recouvertes de pins, de sapins pectinés et d'épicéas. La richesse de la flore est favorisée par la diversité des climats ; on y trouve des genêts, des pensées sauvages, des orchidées et de l'arnica. Les sommets se couvrent de pourpre avec les fameuses myrtilles. C'est un moment féerique !

Les étapes se succèdent avec la formule sans dossard, sans chrono ; l'ambiance est détendue, aucun stress, la tête dans la carte, nous sommes toujours à la recherche de notre chemin. Nous voici arrivés à Cubières. Mon collègue me dit : « À Cubières, moi je bois une bière » ! Aussitôt dit, aussitôt fait, direction le bar du village. Pierre, sachant que nous serions dans ce village aux alentours de midi, ne nous voyant pas arriver et connaissant le personnage, se dirige aussitôt au bar. Il n'est pas surpris de nous voir installés à la terrasse ; ce sera la pause pour tout le monde, entorse que nous n'aurions jamais faite lors d'une course traditionnelle. La reprise est plus difficile car une côte de plusieurs kilomètres nous attend. Je suis mon ami Daniel, un solide gaillard d'1,95 m qui attaque la côte en marchant. Je n'arrive pas à le suivre avec ses grandes jambes, il marche à 9 km/h et je suis obligé de trottiner de temps en temps pour rester à ses côtés ! Pris d'une fringale vers dix-huit heures, je m'arrête et je consomme tout ce que je possède dans mon sac. Daniel me donne encore des barres énergétiques, le moteur était à sec ! Nous sommes bien seuls sur ces sentiers et après 140 km dans les jambes, nous rejoignons le point de départ ; la boucle est bouclée. Des souvenirs plein la tête de ces petits villages de pierre, de ces paysages verdoyants, je retrouve ma Franche-Comté natale.

Escapade en Guadeloupe

En 1997, nous affrontons de nouveaux événements à l'hôpital où je travaille, un nouveau déménagement et cette fois-ci nous allons fusionner avec l'ensemble des secteurs. Notre nouvelle structure vient d'être construite à une centaine de mètres des bâtiments de soins et s'appelle désormais « Unité de Production Culinaire ». Elle englobe aussi les restaurants du personnel soit un effectif de cent-vingt personnes qui fabriquent cinq-mille repas par jour. Je suis nommé responsable du magasin alimentaire et je suis de nouvelles formations dans le management. Mes collègues prennent des responsabilités sur d'autres postes et ensemble, nous travaillons au service des patients.

Découverte du Portugal

Cette même année, nous partons à la découverte du Portugal, le pays de Sonia. Un long périple nous attend, car ce n'est pas moins de 2 000 km qui nous séparent de son village natal, Alcongosta, situé à côté de Fundão et à environ 260 km de Porto et autant de Lisbonne. Partis un soir de juillet, nous roulerons toute la nuit en nous relayant pour accomplir cette longue distance. Ce n'est que vingt et une heures plus tard que nous mettrons les pieds sur le sol portugais avec Jérôme et Sonia, Mickaël étant déjà sur place, parti quinze jours plus tôt chez sa mamie.

Le pays a mis les bouchées doubles pour combler son retard économique. Ce n'est pas facile, les Portugais subissent de plein fouet la crise. C'est la débrouille. Ce sont des gens travailleurs et respectables. Ils cultivent le moindre lopin de terre, possèdent de la volaille, un cochon, s'entraident et se soutiennent. Les petits métiers revivent dans les grandes villes : barbier, cireur de chaussures, etc… Les pèlerinages et les fêtes religieuses sont nombreux au Portugal où 90 % de la population se déclare catholique. Les conquêtes portugaises démarrent en 1415 avec la prise de Ceuta. Moins d'un siècle et des dizaines d'expéditions plus tard, le pays contrôle la route de l'or et des épices, devenant ainsi une super puissance commerciale, présente du Brésil au Japon. Le portugais est la troisième langue européenne la plus parlée dans le monde avec 190 millions de personnes. Sonia est arrivée en France à onze ans. Comme beaucoup de portugais, son papa a émigré. Il est venu avec trois objectifs : réussir à passer la frontière à pied, épargner pour construire une maison au village et revenir un jour s'installer au pays. En 1999, la France comptait 573 000 portugais et 235 000 binationaux auxquels il faut ajouter environ 300 000 Français d'origine portugaise. Notre séjour au Portugal commence dans le petit village de Sonia auprès de ses parents où nous rencontrons une partie de sa famille dont la grand-mère qui nous accueille chaleureusement dans sa petite maison. Je découvre le marché de Fundão, la gentillesse des gens qui prennent le temps de vivre. Le petit bistrot familial nous propose une cuisine traditionnelle locale à la portion ou à la demi-portion, suivant l'appétit de la personne, c'est original cette formule ! Nous ferons un petit tour avec ses parents jusqu'à Lisbonne sans oublier de passer par le sanctuaire de Fatima. Ensuite, nous rejoignons la côte et découvrons l'océan Atlantique où nous séjournons dans le petit village de Nazaré. Ils ont dans leur mode de vie un esprit très famille, et pour eux, c'est la chose la plus importante.

La Guadeloupe

Départ pour la Guadeloupe, en février 1998 avec Sonia. Dans l'avion qui nous conduit à Pointe-à-Pitre, je demande à l'hôtesse de l'air si nous pouvons visiter le cockpit. La réponse est oui ! Pour son premier vol et le jour de son anniversaire, Sonia est comblée ! À l'approche des Antilles, l'hôtesse vient nous annoncer que nous sommes invités par le commandant de bord pour assister à l'atterrissage à ses côtés. Quelques années plus tard, après les événements du 11 septembre 2001, ce sera interdit. Nous traversons les nuages qui ressemblent à d'énormes boules de coton. C'est impressionnant ! Le commandant appelle la tour de contrôle, demande l'autorisation d'atterrir, tout en nous donnant toutes les explications sur le déroulement des opérations, en même temps qu'il manipule et contrôle tous ces cadrans. Les gestes sont précis. Il nous demande de ne plus lui parler, la concentration est à son maximum ; j'ai l'impression que les nuages arrivent à toute allure sur nous. Aucune visibilité, l'avion est entièrement dans le brouillard, il faut absolument faire

confiance à la tour de contrôle et aux instruments de bord. D'un seul coup, comme un miracle, la Guadeloupe apparaît, les côtes de sable blanc se dessinent sur un fond de mer turquoise. La magie a opéré, Pointe-à-Pitre et l'aéroport se profile. Il faut amener l'avion dans l'axe de la piste et pour cela, le pilote effectue une manœuvre qui fait pivoter l'avion. J'ai l'impression que c'est la terre qui tourne, les trains d'atterrissage sont sortis, nous voici dans l'axe de la piste. L'avion pique du nez et se pose en douceur. Nous remercions chaleureusement le commandant et tout l'équipage pour ce grand moment !

Vue du ciel, la Guadeloupe a la forme d'un papillon, avec d'un côté, la Grande-Terre et Pointe-à-Pitre et Basse-Terre. Ce petit territoire des Antilles est situé dans la mer des Caraïbes. La Grande-Terre est un plateau calcaire parfaitement adapté à la culture de la canne à sucre qui couvre la majeure partie de l'île. Son littoral est bordé de magnifiques plages de sable blanc. Basse-Terre est un massif montagneux couvert par une immense forêt tropicale de 17 000 ha et dominé par le volcan de la Soufrière à 1 464 mètres d'altitude. Il est bordé de plages de galets et de sable couleur ocre brun noir. Les fonds marins renferment la fabuleuse réserve sous-marine du Commandant Cousteau.

À l'aéroport, nous rencontrons une foule qui s'agite dans tous les sens. En allant réserver notre voiture, nous comprenons qu'il se passe quelque chose. Cette foule est venue des différents pays pour assister à l'éclipse totale du soleil qui va se produire dans quelques jours. C'est l'Anse-Bertrand qui sera le village de l'éclipse et tous les scientifiques s'y sont installés. Nous prenons la direction de Gosier, dans la campagne, où nous avons loué une charmante maison. Nous disposons de vingt-et-un jours pour découvrir l'île. Après le petit déjeuner composé le plus souvent de bananes, le fruit que l'on trouve à la sortie de toutes les boulangeries, direction la plage pour prendre un bon bain après les entraînements. Nous avons trop de choses à découvrir, la matinée passe trop vite. À côté de Saint-François, nous dénichons un petit resto sympa, « Aux pieds dans l'eau », nos amis guadeloupéens nous proposent un petit punch. Je m'attends à une boisson à base de rhum et beaucoup de jus de fruits. Je prends une gorgée d'un nectar qui est tout simplement de l'alcool, la gorge en feu, j'avale un grand verre d'eau sous les rires de nos serveurs.

Nous nous préparons à assister à l'événement majeur qui aura lieu le 26 février 1998 avec l'éclipse du soleil, le mot magique qui est dans la tête de tous les habitants. Nous décidons d'aller visiter le village de l'éclipse où nous découvrons d'énormes télescopes pointés vers le ciel. La foule arrive, tout le monde veut être le témoin de cet événement. Le soleil sera masqué pendant environ trois minutes, un phénomène qui est sujet à réflexion. Lorsque nos aînés ont vécu ces mêmes choses, loin de savoir ce qui se passait, ils pouvaient tout imaginer, selon leurs croyances : par exemple la fin du monde… Il est 14h lorsque le soleil est masqué par la lune. Equipés de lunettes spéciales, nous sommes tous très attentifs, les yeux rivés vers le ciel. Les animaux se sont mis à hurler et, insensiblement, le calme s'est installé, la pénombre puis le noir total, plus un bruit, plus un mouvement, les ténèbres ! Un spectacle inouï s'offre à nos yeux, un cortège de planètes et notamment Mercure, Jupiter et Saturne avec son anneau, visibles à l'œil nu ! C'est fantastique !

Un autre évènement nous attend...

Chaque année, c'est la tradition, le carnaval de Basse-Terre et de Grande-Terre est une manifestation importante pour les Guadeloupéens.

Toutes les familles s'y rendent, habillées de leurs plus beaux vêtements multicolores. Les dames portent leurs bijoux fétiches.

Le jour le plus important est marqué par la grande parade de Basse-Terre. Un concours de costumes et de chars est organisé avec la reine du carnaval et les diables rouges. Nous sommes en admiration et apprécions ces traditions hautes en couleurs. Nous avons vraiment bien choisi notre période de vacances. Dans les restaurants locaux, c'est une véritable cure de fruits que nous faisons : papayes, caramboles, bananes, goyaves…
J'aimerais cueillir des bananes et les consommer, mais je ne vois que des régimes encore tout verts, lorsqu'au détour d'une route, j'aperçois dans un champ, un régime bien mûr. Deux mètres cinquante de talus me séparent du fruit défendu. Je monte sur la voiture de location pour atteindre le précieux trésor, je décroche une vingtaine de bananes et je me sauve, tel un cambrioleur. Quel plaisir de consommer ce succulent fruit qui n'a rien à voir avec les bananes mûries dans les cales de bateaux que nous consommons en France.

Je laisse Sonia pour le départ du semi-marathon de Pointe-à-Pitre où très peu d'hommes blancs y participent ; je suis très vite repéré. Je me plains de la chaleur, ce qui fait rire les spectateurs.

Sonia me retrouve pour les randonnées, notamment la Cascade Paradis, l'une des plus belles de la commune de Vieux-Habitants. Une partie de la paroi entourant son bassin est ornée de belles orgues basaltiques. Nous prenons un bain rafraîchissant sous les chutes Moreau, au pied de la cascade et partons pour le marché de Pointe-à-Pitre. La ville en elle-même n'est pas très séduisante, mais possède cependant quelques belles demeures coloniales et de jolies maisons créoles en bois. Nous arrivons au marché Saint-Antoine ; dès notre entrée, d'alléchantes odeurs d'épices nous envahissent.

Nous découvrons les doudous aux vêtements bariolés et à la voix chaude qui houspillent et interpellent les passants. Que de bonnes odeurs, de couleurs, on a envie de tout goûter…

Nous ne manquerons pas de visiter une fabrique de rhum. La Guadeloupe produit deux types de rhum, agricole et industriel. Les employés commencent par écraser la canne à sucre en la passant dans une presse. La masse très compacte obtenue, appelée bagasse, est introduite dans un appareil composé de trois cylindres qui assurent un broyage de plus en plus fin pour extraire un maximum de jus. Cette opération doit être réalisée au plus tard trente-cinq heures après la coupe. L'alcool provient de la distillation du jus soigneusement filtré et placé dans des cuves à fermentation pendant quarante-huit heures. Cela donne un vin appelé grappe et titrant cinq à six degrés. La suite du processus relève du travail du maître de chais. Une tonne de canne à sucre donne en moyenne cent litres de rhum agricole à cinquante-cinq degrés.

Un matin, le ciel est totalement dégagé sur la Soufrière, ce qui est assez rare. Notre décision est vite prise, ce sera l'ascension du volcan qui culmine à 1 467 m. Son activité est marquée par des fumerolles. La végétation sur les flancs est remarquable par sa biodiversité. Depuis le sommet c'est une vue à 360° qui s'offre à nous sur les îles environnantes

des Saintes, Marie-Galante et la Dominique. Différents gouffres et cratères sur le plateau sommital du volcan sont intéressants à découvrir. Le cratère sud est le plus impressionnant par le bruit et le spectacle qu'il nous présente. Des fumerolles de soufre à l'odeur particulière d'œuf pourri nous empestent les narines. Au retour sur le sentier, nous nous immergeons « au bain jaune », avec une eau chaude à trente degrés.

La réserve Cousteau nous accueille pour un baptême de plongée. Le calme de la mer des Caraïbes, associé à la beauté des montagnes, nous immerge dans un autre univers. À quelques minutes de bateau et de la plage de Malendure, nous découvrons les îlets Pigeon. C'est le principal site de plongée. Un professionnel m'accompagne pour cette randonnée aquatique de rêve. Il nous présente chacun des habitants des lieux comme s'il les connaissait au point de savoir derrière quelle algue ou quel rocher il va les dénicher. C'est un régal pour les yeux !

Nous ne manquerons pas la randonnée et la chute du Carbet qui figure parmi les cascades les plus impressionnantes des petites Antilles. En fait, il y a trois chutes de 115 m, 110 m et 20 m. Cette dernière aboutit dans un magnifique bassin circulaire. La plus haute est très originale en raison de la couleur rouge orangé de ces roches. Nous ferons une petite escapade sur l'île des Saintes au départ de Trois-Rivières. Cette île tropicale se situe au sud de la Guadeloupe, à l'ouest de Marie-Galante et au nord de la Dominique. Elle fut découverte par Christophe Colomb le 4 novembre 1493 qui la baptisa Los Santos. C'est un petit bateau qui nous transporte de Trois-Rivières sur cette île. Aussitôt montés, nous nous installons à l'avant du bateau. Les habitués, qui ont sûrement fait des milliers de fois le transfert, soit pour le travail ou leur quotidien, s'assoient à l'abri. Le bateau lève l'ancre, la mer est très agitée, il pique du nez en passant par-dessus une énorme vague et aussitôt la prochaine arrive. Cramponnés de toutes nos forces à une barre, nous voyons une énorme gerbe d'eau arriver sur nous. C'est la douche garantie ! Quelques secondes d'accalmie nous permettent de rentrer rapidement à l'intérieur sous le sourire amusé de tous les passagers. Je comprends mieux pourquoi nous étions seuls à l'avant du bateau ! Mais l'embarcation continue de tanguer. Sonia prend peur, je ne suis pas rassuré, je me cramponne au siège pour ne pas tomber. Je me retrouve un siège à la main, celui-ci vient de casser ! Je pense que nous avons fait l'actualité des occupants, ce jour-là… Nous accostons dans la magnifique baie d'Anse du Bourg, considérée comme la troisième plus belle baie du monde.

C'est en scooter que nous découvrons un petit village de pêcheurs avec ses maisons en bois, le Fort Napoléon, avec sa superbe vue sur la baie puis les plages où nous prenons à chaque fois un bon bain. Les déplacements en scooter sont très agréables et entrecoupés de parties de fou-rire ; nous sommes de vrais ados ! Le pain de sucre, les plages de Pompière, de la Grande Anse défilent en cette belle journée, au sein d'un véritable paradis. La chaleur ne nous dérange pas, les alizés ventilent. Lorsque nous déposons notre engin, la couleur de notre peau, rouge écrevisse, confirme que le soleil était bien présent ! C'est ainsi que s'achève notre séjour en Guadeloupe, des images plein la tête…

Solidarité constructive

Notre petit groupe de coureurs bisontins fonctionne de manière homogène. À tour de rôle, nous proposons une sortie en VTT ou en randonnée, au pas de course, sur un site différent. Je poursuis mes sorties en compétition inter-hospitalière. Après les épreuves départementales à Pontarlier, ville frontalière avec la Suisse, je suis sélectionné pour les compétitions régionales qui se déroulent à Dijon. À nouveau, je retrouve avec plaisir les sportifs d'autres départements. Il va y avoir de la bagarre pour les sections nationales qui se déroulent dans un lieu différent. Cette année ce sera à Tours en Indre-et-Loire, sur les rives de la Loire. Ancienne métropole gallo-romaine, l'agglomération des Turons est une cité prospère et libre. Le niveau de compétition est à la hauteur des coureurs assoiffés de bitume. Notre motivation est en premier lieu d'arriver au niveau national et de partager des moments de convivialité. Qu'importe le résultat, il n'y a pas de qualification pour les Jeux olympiques. Le week-end se referme après une soirée sympa où tout le monde se retrouve autour d'une bonne table.

Mon instinct de bâtisseur refait surface en cette fin d'année 1998. Je veux mettre ma nouvelle petite famille sous un toit. Après discussion avec Sonia, les premières démarches s'orientent vers une maison à la campagne proche de Besançon. Je vais donc me lancer à la recherche d'un terrain compris dans une zone du nord au sud mais orienté côté est et je dirai de préférence à Montfaucon. C'est un peu la montagne, située à 640 m d'altitude, certes ce n'est pas l'Everest, mais tout de même un éperon rocheux qui domine la vallée du Doubs.

Le village renferme de très importants vestiges primitifs du château. Sur les hauteurs, se trouve le célèbre Fort. Parmi les événements importants survenus à Montfaucon, l'un d'eux a fait la une de tous les journaux, c'est l'explosion de la poudrière survenue le 16 septembre 1906. Construit de 1874 à 1878 pour surveiller la plaine de Thise, le Fort comprenait une série de casemates, de pièces d'artillerie dont une tourelle cuirassée cernée par deux canons de 155 mm et les locaux pouvaient abriter plus de huit-cent hommes. Le bilan de cette explosion est de huit morts et quinze blessés. Heureusement, la plupart des soldats viennent d'être transférés sur Besançon. Dès 1258, des textes parlent de la Vigne. Le vignoble est cultivé par des vignerons du faubourg Rivotte à Besançon et, plus tard, par les habitants du village. En 1773, on recense vingt muids de vin d'une contenance de 274 litres soit 5 480 litres. Cette activité se poursuit jusqu'à la dévastation par le phylloxéra en 1885.

Après mes investigations sur tous les terrains soi-disant disponibles sur la commune de Montfaucon, je me dirige à la mairie et j'apprends qu'un petit lotissement est en projet. Effectivement, quelques propriétaires de terrains décident de remodeler tout un coteau de petites parcelles et de les transformer en terrain constructible. Il faut dix ares minimum pour réaliser un projet. Les démarches administratives et l'entente entre tous les propriétaires prennent beaucoup de temps, le propriétaire de la parcelle pensait y construire sa maison mais il a perdu patience et a décidé de la vendre. J'achète donc cette parcelle pour y bâtir un chalet. La première démarche pour construire un chalet consiste à prendre rendez-vous auprès de l'architecte des Bâtiments de France. Les premiers contacts sont froids :

« Qu'est-ce que vous voulez faire, monter une cabane en bois sur un cube de béton » ?

Je lui précise que nous sommes aux portes de Pontarlier, capitale des résineux du Haut Doubs et que je souhaite utiliser des matériaux de la région. Il me demande de lui faire un projet. Je contacte les entreprises locales pour établir des devis. La première porte se referme par ces mots :

« Monsieur Mairot, jamais vous n'obtiendrez l'autorisation de construire un chalet à Montfaucon » ! La situation se complique, je ne suis pas rassuré. « Vais-je pouvoir réaliser mon chalet ? »

Je présente tout de même mon projet devant la commission bois que préside l'architecte des Bâtiments de France. Je ferai trois passages à un mois d'intervalle avant de trouver un terrain d'entente. Je suis d'accord qu'il faut réglementer, mais lorsque je vois certaincs constructions, je me pose la question de savoir qui a bien pu délivrer un permis de construire !

Dès l'obtention de ce foutu permis, je vais acheter du matériel auprès d'un maçon qui arrête son activité et je loue un camion-benne pour six mois. Nous sommes à l'automne 1998, je dispose de trois semaines de vacances. Après avoir fait préparer le terrain par une entreprise, je fais appel à mon père âgé de 68 ans. Il est tout de suite d'accord pour m'aider, nous faisons une bonne équipe ! Les journées s'enchaînent : coffrage, coulage des fondations, préparation des réseaux EDF et assainissement. Nous montons le sous-sol en agglos. Le week-end, la famille vient nous aider et, lorsque je suis seul, c'est mon voisin, Germain, qui me passe les seaux de béton. Je suis à l'écoute d'un professionnel qui travaille à côté. Il m'explique comment construire un escalier en béton. Je dois le dessiner par terre et ensuite reprendre toutes les mesures. J'applique minutieusement tous ses conseils et c'est une réussite. La dalle est préparée puis coulée, ce qui nous permet d'avoir un abri dans le sous-sol où nous installerons la cuisine du chantier. Le camion me sert à véhiculer les matériaux, à aller chercher du sable à la carrière.

Lors de la visite d'un chalet en construction chez un particulier, je fais connaissance d'un couple. Pensant avoir affaire aux propriétaires, je m'excuse d'être entré sur leur chantier. En fait, c'est un visiteur qui a le même projet que moi ! Nous sympathisons et nous nous quittons sur ces paroles : « le premier qui commence viendra aider l'autre » ! En plus, il s'appelle Gabriel comme moi ! En avril 1999, je reprends contact et lui demande de venir m'aider. Dès le lendemain il sera sur le chantier ! Je veux épargner papa qui a déjà bien travaillé et le remercie pour son aide. Ma sœur Marie-Thérèse m'informe que papa n'est pas content : « J'ai fait le plus dur, maintenant la partie bois va arriver et il ne veut plus de moi » ! Je rattrape vite le coup en lui demandant, comme si je n'étais pas au courant, de venir m'aider car je pense avoir besoin de ses conseils. Il ne mettra pas longtemps à revenir sur le chantier !

Nous attendons la première livraison de bois ; tout le monde est là pour accueillir ce premier chargement. Il nous faut une journée pour trier tous ces morceaux. Dans ce genre de construction, tous les murs sont montés ensemble, extérieurs comme intérieurs, de manière à ce que les morceaux de bois se croisent. Je dois constituer des équipes ; ils seront nombreux de ma famille et de mes amis à répondre à mon appel ! Cependant, il ne faut pas être plus de quatre sur le chantier. Alors il y a les équipes de la semaine et celles du week-end commandées par Pierre et Béatrice. C'est un véritable jeu de construction, c'est passionnant ! Dès les premiers madriers posés, le champignon de bois se dessine et nous pouvons distinguer les différentes pièces. Jean-François nous livre tous les jours des camions de madriers. Il sera de bon conseil et nous aidera chaque fois qu'un problème se pose ; c'est vraiment un chic type. Le montage se poursuit dans la bonne ambiance, ça sent bon le bois ! Je confectionne des petites échelles à quatre barreaux pour atteindre le dernier madrier posé et c'est à grands coups de masse que nous l'enfonçons.

La pause casse-croûte du matin est un moment de convivialité que tout le monde apprécie. Sonia nous apporte le déjeuner que nous prenons dans notre cuisine de chantier. Le chalet prend forme avec l'équipe de bâtisseurs qui met toute son énergie à la réalisation de ce vaste chantier. Jean-François positionnera la poutre maîtresse de 12 m de long, lors d'une livraison. Je ne sais pas comment nous aurions pu faire sans son aide. Arrivé au second niveau, il dépose une partie de la charpente de chaque côté du toit. Le reste du travail se fait à la force des bras. De nombreuses et périlleuses opérations sont nécessaires pour positionner les poutres qui soutiennent toute la charpente. Il faut clouer les chevrons et tout un ensemble de planches en sapin qui resteront apparentes. Après l'isolation et la pose des tuiles, la suite des opérations consiste à aménager l'intérieur.

Douze mois après le début des travaux, c'est l'emménagement dans notre chalet où nous inviterons tous les intervenants autour d'une bonne table. C'est l'occasion de relater les anecdotes de la construction, notamment mon premier voyage avec le camion à la carrière, lorsque j'ai vu l'engin qui arrivait sur moi. Heureusement que Didier n'a pas déversé le contenu de son godet, car j'aurais été enseveli sous une montagne de sable. Et aussi, le jour où mon ami Patrick arrive sur le chantier. Après le petit café du matin nous lui demandons de se mettre en tenue. Quelle tenue ? Nous répond-t-il. Venant de la ville, il n'avait pas de vieux vêtements de travail pour bricoler ! Un grand remerciement à tous, ce fut une belle expérience de travail d'équipe dans la joie et la bonne humeur !

Vacances en Suisse

L'année 2000 sera marquée par le décès du papa de Sonia, le 27 janvier, après une longue maladie. Nous respecterons ses dernières volontés : reposer sur sa terre natale au Portugal. Nous ferons le voyage avec lui pour l'accompagner dans sa dernière demeure. Une page se tourne, c'est toujours difficile de voir partir un de ses proches.

Je démarre cette année avec une blessure qui m'immobilisera plusieurs semaines. Suite à ma première opération du ménisque, je profite de cette situation pour recharger les batteries et faire le plein d'énergie. Dès le printemps, je passe mon temps libre à peindre le chalet, aménager les extérieurs, planter des arbustes d'ornements et découvrir les environs de mon nouveau village. Pour changer de tous ces travaux de bricolage, nous décidons de partir en vacances avec les enfants. Je découvre par hasard une revue jurassienne et une petite annonce attire mon attention : un beau chalet à louer en Suisse dès le début de l'été. Après le passage de la frontière à Vallorbe, nous prenons la direction de Lausanne, Martigny, la vallée du Rhône, Sierre, Brig et nous arrivons dans le petit village de Mühlebach où nous sommes attendus par les propriétaires. Nous découvrons notre lieu de séjour, magnifique chalet, construit il y a environ cinq-cents ans, perché à 1 248 mètres d'altitude. C'est un village de caractère qui abrite des maisons en bois parmi les plus anciennes de Suisse et aussi le point de départ idéal pour effectuer des randonnées fantastiques dans la vallée de Rappental.

Les paysages sont sublimes avec tous ces chalets adossés à la montagne. Quel plaisir de marcher en ces lieux ! Les pentes sont raides et nos petits citadins n'ont pas l'habitude… Le plus jeune, Mickaël, me suit en VTT jusqu'à Fiesch. Nous descendons trois-cents mètres de dénivelé et en fin de journée les jambes sont lourdes. Il en faut des encouragements pour remonter jusqu'au chalet. Il s'en souviendra longtemps, comme la longue sortie en randonnée avec Jérôme et Florent

que j'emmènerai découvrir le plus grand glacier d'Europe, situé au sud de la Suisse, dans le canton du Valais. Le glacier d'Aletsch, d'une longueur de 24 km, toute cette glace constitue un incroyable volume de vingt-sept milliards de tonnes ! Après toutes ces explications, les jeunes se sentent motivés pour me suivre, mais tout cela se mérite ! Je leur propose de partir à l'aube, réveil à cinq heures du matin. À la frontale, déambulant à travers les sentiers pour rejoindre Fiesch, nous attaquons la longue ascension qui nous conduit à 2 927 m. Je suis obligé de freiner les ardeurs du matin afin de répartir les forces sur la journée. Petite pause vers neuf heures, le soleil est au rendez-vous. Les maillots trempés de sueur sèchent pendant le petit déjeuner. La fatigue se faisant sentir et en voyant les télécabines passées au-dessus de nos têtes, les jeunes me disent : « On aurait mieux fait de les prendre » ! Narquois, je leur réponds en souriant : « Trop tard, vous me l'auriez dit plus tôt, j'aurais volontiers accepté ! ». Après avoir bien rechargé les batteries, nous grimpons d'une seule traite pour arriver au sommet en fin de matinée. C'est un spectacle féerique qui s'offre à nos yeux ! D'emblée, notre attention est attirée par deux bandes parallèles de cailloux et de gravats, visibles sur toute la longueur du glacier. Elles résultent de la confluence de trois champs de névés. La zone d'accumulation du glacier se situe dans la région de Lyons à près de 4 000 m d'altitude, alors que son front glaciaire finit à environ 1 500 m dans les Gorges de Massa. Quelle belle expédition ! Je suis remercié par les deux grands qui s'empressent de tout raconter à Sonia. Ce séjour dans le Valais se termine en compagnie des propriétaires.

Le tour des dents du Midi permet de découvrir des trésors que dissimulent ses remparts. Nous gravissons la haute cime, point culminant et nous découvrons un panorama extraordinaire. La localité de Mex est l'endroit le plus judicieux pour entrer sur le circuit qui débute sous le versant dolomitique de la cime. Le bassin de Salanfe jaillit dans la vallée du Rhône et forme la cascade de La Pissevache. Au col de Susanfe on bascule dans le vallon du même nom, sorte d'enclave suspendue au-dessus de Champéry, station de sports d'hiver. En 2001, je pourrais presque dire

que nous étions citoyens suisses car nous y avons fait un nombre incroyable de randonnées avec plaisir, en harmonie avec la nature si belle qui nous protège et nous écoute.

La flore locale est très diverse et l'on peut découvrir beaucoup de plantes rares.

L'edelweiss, l'ancolie des Alpes, les lys et chardons bleus émerveillent Sonia. Nous dominons le Val d'Illiez, la Dent de Vallerette et ses nombreux chalets. Meix n'est plus très loin, situé entre le Bas Valais et le Haut Giffre. Ce qui frappe durant ce périple, c'est l'abondance d'eau, la présence des glaciers, la nature karstique des roches et les chutes vertigineuses qui surgissent des murailles calcaires. Quelques personnages célèbres ont traversé ces lieux, notamment Jacques Balmat qui est le premier à grimper le Mont-Blanc en 1834.

Nous ferons tous les petits sommets frontaliers, le Mont Tendre, la Dent de Vaulion, Le Suchet, les Aiguilles de Baune, le Chasseron. Chaque sortie est un dépaysement total. Sonia est en admiration devant la diversité de la flore, elle est la première à cueillir ces merveilles pour les immortaliser. Je dois la freiner pour protéger la nature ! Le tour de la Maya se fait en deux jours. Situé entre le Val d'Hérens et d'Anniviers, le petit Val de Réchy fait figure d'exception au cœur du Valais. Nous sommes à plus de 2 000 m. Lors de la seconde journée, nous passons à la cabane des Becs de Bosson. Le sentier nous conduit au plateau de Lona. Nous découvrons de magnifiques chalets rénovés dans la plus belle tradition de la montagne.

La Suisse compte des milliers de kilomètres de chemins de randonnée et possède 48 sommets sur 82 à plus de 4 000 m. La moyenne montagne est entretenue par les paysans et cultivée à grands coups de subventions. C'est le prix à payer pour préserver la beauté de ces montagnes, soit la bagatelle de 11,6 milliards de francs pour les trois années à venir. Ce pays est une bouffée d'oxygène, un écrin de verdure et de pureté. Il suffit de tourner la tête à droite, à gauche pour être émerveillé par les vertes vallées des forêts de sapins, les chalets fleuris et les lacs scintillants. Ses habitants consomment environ douze kilos de chocolat par an. Ils nous disent en chemin, avec leur accent caractéristique :

« N'oubliez surtout pas de prendre votre temps, il n'y a pas le feu au lac ! C'est autour d'une table, un verre de Fendant à la main et le nez flatté par le fumet d'une fondue que vous découvrirez vraiment ces montagnes ! ».

Le Vercors en solitaire

En juin 2002, j'attaque le Vercors en solitaire, au pied de Grenoble, bien décidé à découvrir cet immense plateau qui culmine à 2 340 m. Sa nature géologique est principalement calcaire. Le sabot de Vénus, la campanule des Alpes, la primevère et la tulipe australe font partie des plantes originales qui couvrent le massif forestier. Je prends la petite route de montagne qui conduit à Saint-Nizier à 1 168 m. Ce sera le point de départ de cette traversée qui va me conduire d'un bout à l'autre du Vercors, de l'Isère à la Drôme.

À cette saison, beaucoup de randonneurs fréquentent ces sentiers. Les prairies arborent leurs parures avec leurs trolles ou boutons d'or, soldanelles, gentianes, orchidées sauvages et lys martagons. Je suis la piste des grands plateaux. Autrefois ce fut le chemin du vin entre Grenoble et Die. Toute randonnée a un début et une fin ; pour moi ce sera Saint-Nizier et Châtillon en Diois. Les Pucelles seront mon premier repère, elles se découpent étrangement dans le paysage. Ces grands menhirs de calcaire sont, en fait, au nombre de quatre. Couteau, Dent Gérard, Grande Pucelle et Pucelle de Saint-Nizier. La légende dit qu'on les appelle ainsi parce qu'il s'agirait en fait de trois jeunes filles qui, pour échapper à un méchant seigneur, auraient été changées en statues grâce à leur prière ! Ici, le calcaire règne en maître. Séparé par l'érosion, fracturé par les différences de température, rongé jusqu'au cœur par l'eau, il griffe mes pieds et les semelles de mes chaussures. Celles-ci résistent difficilement à ces petits cailloux abrasifs. Un tétras lyre, emblème du parc naturel du Vercors, s'envole, dérangé par le bruit de mes pas. Je me dirige vers La Moucherotte qui culmine à 1 906 m avec une vue imprenable sur Belledonne Taille Pierre, Le Dévoluy et, plus loin, la Vanoise et le Mont-Blanc.

Je me souviens très bien de cette journée. Mon téléphone, embarqué en cas d'urgence, s'est mis à sonner dans cette atmosphère de calme et de tranquillité. Je fais corps avec la nature ; que se passe-t-il ? Pourquoi vient-on me perturber ? Le téléphone sonne longtemps avant que je réagisse…. pour entendre, pour la première fois dans une course, la voix de mon père qui m'encourage et me félicite. Je reste là sans pouvoir prononcer un seul mot pendant une minute, dix minutes… une éternité ! J'aurais voulu mettre un haut-parleur pour faire écouter ce message à la montagne. C'est un instant unique, la seule fois où je suis soutenu moralement.

Toute la journée, je reste avec ce message dans la tête. J'aurais bien voulu arrêter cet instant, j'aurais même pu terminer cette expédition à ce moment-là, c'est certainement ce dialogue qui m'a donné toute cette force, cette énergie que j'ai aujourd'hui et que je vais transmettre aux autres. Je peux remercier le ciel, mille fois merci, d'avoir répondu au seul coup de fil que j'ai reçu dans ma vie sportive.

Le soir même, j'arrive à Villard-de-Lans. Je fais étape dans une auberge pour me remettre de mes émotions. Je suis seul, perdu dans cette immensité de blocs, de vallons, de pins à crochets. Les cabanes sont ouvertes et je peux m'y installer à ma guise pour me reposer. Cette partie centrale n'attire que les véritables amoureux de la nature. L'absence d'eau et de cabane gardée ne motive pas forcément. L'eau est le grand problème de cette zone, le précieux liquide s'infiltre en profondeur et les sources sont très rares. Le matin, quand je repars, les campanules ont du mal à se secouer de la rosée. Je remonte par une variante sur le Grand Veymont qui culmine à 2 341 m. C'est un peu le moulin à vent de cette plaine d'altitude. Un faucon pèlerin s'en donne à cœur joie, la vue est splendide ! Encore une nuit paisible dans ces cabanes et j'attends le lever du soleil pour voir ces bouts de calcaire devenir des citadelles dorées. Je me dirige vers une série de lacets raides ; l'arrivée est toute proche, le sac à dos bien fixé, je descends en courant et je traverse une piste forestière, je rejoins Châtillon-en-Diois, puis je fais du stop pour retrouver Saint-Nizier.

Cette année 2002 me conduit sur un 78 km entre Pontarlier et Besançon. Plusieurs réunions sont utiles pour préparer cette expédition au Club Alpin Français sous la responsabilité de Monsieur Merlat. Nous prenons trois sacs de ravitaillement qui seront cachés la veille dans la nature. Nous empruntons un bus jusqu'à Pontarlier et, à 20 h, le départ est donné. Nous utilisons une lampe frontale pour nous guider à travers les sentiers, direction Arçon, 21 km plus loin.

Pause à la source de La Loue où nous récupérons nos sacs de ravitaillement. Pour moi, c'est à chaque fois une bouteille d'eau, alors que pour mes camarades, c'est sandwiches, biscuits, chips, chocolat et autres confiseries. Le surplus est transporté sur leur dos. Nous descendons par le sentier du bord de la Loue. Il faut rester prudent, l'humidité et les sentiers escarpés restent dangereux. On éprouve des sensations étranges d'être là dans la nuit, au milieu de nulle part ! Une nouvelle pause au 40ème kilomètre, pas très loin de Châteauvieux-les-Fossés, est la bienvenue. Je scrute le ciel pour ne pas manquer les premières lueurs, découvrir les ombres chinoises et les magnifiques paysages que compte notre belle région franc-comtoise. La fatigue se fait sentir mais l'esprit de groupe domine. Nous sommes aux portes de Besançon vers 13 h 30, surpris d'avoir encore de l'énergie après une nuit blanche, mais soulagés d'arriver !

Virée au Portugal

Au cours de l'été, nous voici repartis au Portugal, le pays de Sonia, avec nos amis Ghislaine et Patrick, à la découverte de ce mystérieux pays. Nous traversons la France en diagonale jusqu'à Saint-Jean-de-Luz et nous arrivons en Espagne. Il nous faut traverser de grandes plaines sous un soleil de plomb, avant de rejoindre notre destination. La jolie maison que nous avons louée dispose d'un terrain de tennis en terre battue. Le lendemain, coiffés d'un foulard, nous sortons les VTT, c'est le délire ! Lorsque nous enfourchons nos montures, la scène sera immortalisée par nos compagnes. Nous partons à travers les chemins caillouteux du Portugal. Très vite, les premières crevaisons arrivent. Le lendemain, ce n'est pas moins d'une dizaine d'épines que nous retirerons de nos roues. Cela nous contraint à pédaler sur les routes goudronnées, afin de limiter ces désagréments. Nous ne sommes pas très loin de Coimbra où fut construite la première université portugaise. La vieille ville médiévale est superbe. Nous visitons un monastère avant de rejoindre la mer sur la plage de Mira et le nord du Portugal de Nazaré à Porto en passant par Braga où nous découvrons une ville de style baroque mais aussi sa gastronomie avec son « bacalhau narcisa », un plat à base de morue et le vin « vinho verde ». Le bain dans l'océan se transforme en véritable parcours du combattant. Saisis par la fraîcheur de l'eau, nous ne resterons pas longtemps. Quoi de plus naturel que de participer à une fête villageoise pour comprendre et rencontrer des gens de ce pays. C'est ce que nous ferons à Cantanhede, puis nous repartirons à l'intérieur des terres pour rejoindre la maman de Sonia.

Je continue ma préparation et un matin, je bats tous mes records de vitesse. Poursuivi par un chien, puis un second et par leurs aboiements qui rameutent tout le voisinage, pour finir avec une dizaine à mes trousses ! Je suis sauvé par un immense fossé et je termine ce séjour au Portugal blessé au dos ce qui compromet mon engagement sur le grand raid de la Réunion que je programmerai trois ans plus tard.

Randonnée au Mont-Blanc

Je suis toujours dans cette dynamique où la course à pied est devenue mon quotidien. Les gens marchent, moi, je cours. C'est devenu naturel et je peux courir un marathon sans préparation spécifique, simplement une bonne condition physique et une bonne hygiène de vie. Alors, en dehors des petites courses, j'enchaîne sur un marathon. La distance me convient et je ne passe pas plus de trois heures sur le bitume. Je complète mon entraînement par de longues randonnées avec Sonia et, en cette année 2003, au mois d'août, nous décidons de faire le tour du mont Blanc. Accompagnés de nos amis Martine et Pascal, nous arrivons la veille et nous démarrons de bonne heure notre première étape du petit village des Houches. Le massif du Mont-Blanc est fascinant !

C'est un spectacle permanent de roches, de glace et de lumière. Nous aimons le traverser sac à dos et partager la vie des refuges ! La vallée de Chamonix à Courmayer, de Val Ferret à la Fenêtre d'Arpette, est bordée par les versants français, italiens et suisses. Le chemin s'aventure entre alpages, glaciers et franchit le col du Bonhomme, la Seigne et la Balme.

Sur les pentes, les forêts se succèdent chênes, hêtres, sapins, épicéas, pins, mélèzes, ensuite elles s'évanouissent et sont remplacées par les genévriers, les mousses et les lichens. Sur la pelouse les fleurs s'épanouissent, gentianes, rhododendrons, anémones soufrées, joubarbes. Le premier torrent est enjambé par une longue passerelle suspendue. C'est impressionnant !

Arrivés au col de la Voza, à 1 652 m, nous en prenons plein les yeux ! Le sentier en balcon qui passe sous le glacier de Bionnassay remonte alors le long d'une petite paroi rocheuse pour arriver au col du Tricot, à 2 120 m. Nous bénéficions d'une très belle vue sur la face nord des Dômes de Miage. Nous passons la soirée au chalet du Truc dans le calme et nous trouvons facilement le sommeil…

Le deuxième jour, nous basculons dans le Val Montjoie par une piste forestière, sur le village des Contamines, dernier contact avec la civilisation. On s'engage alors dans la forêt sur un chemin dallé datant de l'époque gallo-romaine. Après avoir traversé les gorges par un vieux pont, nous atteignons le refuge de Nant Borrand.

Cet itinéraire pénètre dans la réserve naturelle des Contamines, créée en 1979. Celle-ci couvre un territoire de 5 500 ha. Sa principale originalité réside dans le fait qu'elle est la seule à posséder un grand glacier, celui de Tré-la-Tête. Nous arrivons au refuge de la Balme à 1 750 m.

Dans ces chalets très accueillants, on nous sert une cuisine familiale réconfortante. Les étapes sont plus ou moins longues, entre cinq à neuf heures de marche. À midi, lors de la pause, nous consommons principalement des produits lyophilisés et des fruits secs. Le troisième jour, nous passons par le col du Bonhomme à 2 483 m, direction les Chapieux. Cette étape se termine au refuge des Mottets, ancienne bergerie transformée en refuge. Nous sommes alignés comme des sardines, ce qui est un avantage car les nuits sont fraîches en montagne. Cette promiscuité nous réchauffe !

Le réveil commence à être difficile avec la fatigue et les jambes lourdes. D'entrée, il faut grimper au col de la Seigne. Mon ami Pascal râle en me voyant partir :

« Ce n'est pas possible, tu es dopé » !

Au début, je galère avec mon sac à dos, ensuite mon corps s'habitue. Je ne pense même pas à l'enlever lors des petites pauses ! Voilà le col de la Seigne à 2 516 m ensuite c'est la bascule sur le versant italien. Le panorama sur le versant sud du massif du Mont-Blanc est extraordinaire ! À travers un pâturage nous accédons au chalet de l'Alpe, nous continuons de monter pour franchir la tête du Mont Favre à 2 430m, passage au lac Chécrouit pour rejoindre finalement le refuge de Maisons Vieilles. Encore une belle journée où tout le monde a partagé ces moments extraordinaires dans la bonne humeur.

Je rencontre un personnage typique, la cigarette au coin des lèvres, qui scrute la montagne avec ses jumelles. Je m'approche et je lui demande s'il connaît le mont Blanc.

« Oui, un peu, me répond-il, je l'ai déjà gravi plus de cent fois ! ».

Il est guide de haute montagne et m'invite à passer la soirée avec lui. C'est une véritable mine de renseignements ! Ses histoires sont toutes plus belles les unes que les autres. Quelle belle soirée de partage et d'émotion qui se termine avec Pascal autour d'un verre de Génépi. La cinquième étape étant plus courte, nous en profitons pour faire une halte à Courmayeur en passant par le mont Chétif à 2 343 m. C'est l'heure du déjeuner lorsque nous arrivons dans la ville, pour une fois, pas de repas tiré du sac, mais une énorme pizza arrosée d'une bière. Un dernier alpage et le refuge de Bertone nous accueille, du nom d'un des plus brillants alpinistes italiens.

Ce dernier s'est tué en avion sur le mont Blanc. Cet endroit est sans doute l'un des plus beaux belvédères qui soit ! La soirée est animée par la propriétaire des lieux qui nous joue des airs d'accordéon, sous le feu crépitant de l'énorme cheminée.

La sixième étape conduit au refuge Elena, au cœur des montagnes, à 2 062 m. Après sept heures de marche et un magnifique coucher de soleil, nous pouvons enfin retrouver notre couchage. Le lendemain nous sommes dans le Val Ferret, nous passons de la haute montagne à la moyenne montagne à la Fouly, en territoire suisse. Rien n'a changé depuis le début du siècle. Les champs cultivés en étage, les fameuses vaches de race Hérens qui viennent carillonner comme pour se faire remarquer et ce magnifique décor modelé par une agriculture montagnarde toujours active.

Pour les Suisses, le Val Ferret c'est un peu le dernier Far-West, non pas au sens péjoratif, mais parce que ce bout de vallée a conservé son caractère d'antan. J'admire les mazots et les chalets de montagne avec leurs structures particulières en mélèze tordu par le froid et patiné par le vent. C'est durant cette étape que j'entends Martine crier. Elle vient de se tordre la cheville dans une petite descente ; Pascal se voit déjà abandonner. Sonia lui maintient la cheville avec une bande ; après une demi-heure, courageuse, elle repart. Nous arrivons à Champex, véritable havre de paix, avec son petit lac au pied des montagnes. Nous apprécions ce calme et cette douceur. Le lendemain nous partons de bonne heure, c'est Pascal qui fait le service du petit déjeuner à l'hôtel : c'est surprenant, nous sommes en Suisse !

Les propriétaires ne sortiront pas de leur lit. Maintenant direction la fameuse Fenêtre d'Arpette. Cet itinéraire a souvent été préféré au tracé normal ; certes, le caractère alpin des derniers mètres peut effrayer un randonneur moyennement entraîné. Il n'en reste pas moins que le passage par cette fenêtre est excessivement grandiose et qu'il constitue pour nous l'un des souvenirs les plus marquants de notre épopée. Nous découvrons le glacier de Trient tout proche et faisons une halte bien méritée à Trient.

Nous rejoignons la partie française par le col de Balme. Roger Frison-Roche a immortalisé le site en intégrant à son roman « Premier de Cordée », un de ces combats spectaculaires de vaches « Hérens ». Il met à l'honneur cette race à l'aspect trapu et à la robe noire. Les luttes se déroulaient dans un site nommé « le Plan des Reines », que le sentier du tour du mont Blanc côtoie dans la traversée du col de Balme.

Plus loin, le vaste ensemble glacier s'impose à son tour, avec son sommet vedette, l'Aiguille de Chardonnet à 3 824 m, puis l'Aiguille Verte à 4 122 m. Notre étape se termine à Tré-le-Champ, qui, de par son architecture, rappelle les paysages du Val Ferret avec ses vieux chalets de madriers et mazots où le mélèze est dominant.

À l'arrivée de l'étape, c'est Sonia qui se plaint d'une douleur au pied droit : celui-ci est tout enflé, la glace n'y fera rien et, au réveil, la douleur n'a pas disparu. Il faut prendre une décision ; bien sûr nous voulons tous aller jusqu'au bout, il nous reste trois étapes. Sonia consulte un médecin avec Martine ; diagnostic : c'est une périostite ; après quelques soins, elles remonteront par le téléphérique de la Flégère. Le lac Blanc s'étend au pied du massif des Aiguilles Rouges de teinte orangée.

Le granit n'étant guère fréquent dans le massif, on peut penser que ce sont les traces d'oxydation dues à la présence de plusieurs minerais de fer qui ont provoqué cette coloration. Petite escalade à travers ces roches d'où nous apercevons le lac Blanc qui prend des couleurs de montagne. En effet, ces reflets en font une véritable carte postale. Le sentier du tour du mont Blanc aborde un panorama sublime ; c'est le balcon idéal pour visionner la structure du versant français du massif, d'est en ouest. L'aiguille Verte, des Drus et d'Argentières dominent la Mer de Glace. Nous admirons également La Dent du Géant, les Aiguilles de Chamonix et les trois monts blancs : Tacul, Maudit et mont Blanc. Pascal et moi nous partons accueillir Sonia et Martine qui arrivent par le téléphérique. Courageusement, elles reprennent les sentiers pour terminer notre escapade.

Après une bonne nuit au Lac Blanc, nous partons pour le refuge de Bellachat. Si nous avons opté pour une étape à cet endroit, c'est sans doute l'instinct de rester dans ce panorama grandiose face au décor des grands moments de l'histoire de l'alpinisme. Le décor rappelle celui des refuges que notre inconscient de montagnards citadins a conservé dans nos rêves. Le lendemain la boucle s'achève par un sentier forestier où nous prenons le temps de retourner à la civilisation. La structure du Christ-Roi constitue la dernière rencontre insolite de cette expédition.

La Course de la SaintéLyon

Je voulais participer à une course à pied de nuit et je choisis la SaintéLyon. Elle couvre 65 km entre St-Etienne et Lyon et se déroule en décembre. Cette course d'endurance est une véritable aventure personnelle, la grande classique de l'ultra et son parcours mythique reliant deux grandes villes. Le départ est fixé à minuit. Tous les feux s'allument dans le ciel étoilé, c'est une nuit blanche que je ne serai pas prêt d'oublier, c'est la magie qui va s'opérer tout au long de la course dans un ballet de frontales sur les crêtes des Monts du Lyonnais. Il faut prendre le temps de s'arrêter et de se retourner pour voir le spectacle. L'organisation est bien rodée ; des bus nous transportent de Lyon au point de départ à Saint-Étienne à côté du mythique stade Geoffroy Guichard, appelé « le Chaudron » qui a dominé le football français dans les années 70. L'équipe des Platini, Rocheteau, Larqué et bien d'autres passeront au Chaudron. L'attente dans le hall des sports est un moment de plaisir et de rencontre avec les coureurs. Slalomer dans les rues de Saint-Étienne pour arriver à trouver son rythme de croisière, le premier chemin de terre, le froid, le brouillard à mi-parcours, je ne suis bien ni en marchant, ni en courant ! Je commence même à penser finir la course au prochain ravitaillement !

Le froid, les pieds trempés, je prends le temps de me ravitailler lors de cette pause afin de retrouver toute l'énergie pour aller jusqu'au bout. Le lever du soleil vient nous réchauffer. À bout de force, certains marchent ; on se remotive, on s'encourage, c'est ça l'esprit SaintéLyon ! J'attends de voir les premières maisons de l'agglomération lyonnaise, l'arrivée n'est pas très loin ; je termine en 7 h 52 mn. Encore une belle aventure à mon palmarès !

Sur les traces des Cathares.

Au mois de mars de l'année 2004, avec mon amie Nelly, je suis sur les traces des Cathares, le chemin des Bonshommes de Foix dans les Pyrénées à Berga en Espagne, soit la bagatelle de 250 km. Je veux emboîter le pas des derniers Cathares, ces bonshommes qui, fuyant l'inquisition française, choisissaient l'exil plutôt que le bûcher ou le reniement de leur foi. Dans leur sillage, je découvre deux régions que tout semble séparer : la montagne, la faune, la végétation, le climat, la langue et, qui pourtant, sont sœurs. Elles ont appris, au cours des siècles, à se connaître et à s'apprivoiser.

Nous commençons notre périple par les vestiges de l'époque cathare ; nous découvrons ainsi le château, imposante citadelle des comtes de Foix, Roquefixade, dominant la vallée du haut de son éperon rocheux et, bien sûr, Montségur, symbole de l'ultime résistance des cathares à l'Inquisition. Jusqu'en Espagne nous apercevons les nombreuses églises témoins de l'art roman pyrénéen. Nous descendons un chemin, il faut franchir une clôture, traverser une clairière, longer la lisière de la forêt. La vue sur Foix nous fait découvrir le château sur une autre perspective. Il possédait au Moyen Âge deux tours carrées, la ronde ayant été édifiée au XIVème siècle, mais un château bas s'étendait à l'emplacement de l'actuel palais de justice. Au cours de la croisade, les faubourgs de Foix furent incendiés par Simon de Montfort. Le château, resté intact, fut transformé en prison pendant plusieurs siècles. Il abrite aujourd'hui le musée de l'Ariège. Roquefixade possède deux enceintes et un puissant donjon qui surplombe la falaise. Elle fut, hélas, démantelée sur ordre de Richelieu en 1632 et il n'en reste aujourd'hui que de belles ruines. Montségur met un terme à notre première journée.

Nous repartons sur le GR 107 et nous longeons l'Hers, à la limite de l'Ariège et de l'Aude. Nous passons par le site classé des Gorges de la Frau. Elles tiennent leur nom des gorges de l'effroi. Pendant cinq

kilomètres, un chemin caillouteux se glisse dans les entrailles de la terre par plus de 400 m de rocs vertigineux. L'eau a creusé et poli la roche comme pour rappeler sa puissance capable de faire une telle saignée dans la montagne. Un gros orage peut transformer ce désert en un terrible torrent ! Nous passons au pied d'un rocher surmonté d'une croix. C'est l'ancien point de frontières entre les diocèses de Pamier, Alet et Narbonne. Une fleur de lys gravée dans la roche signale les anciennes forêts domaniales royales. Nous franchissons une dernière fois l'Hers pour entrer en Ariège, direction Prades. Quelques villages isolés colportent la vie depuis des siècles. Depuis toujours, ils sont peuplés de paysans luttant sur cette terre ingrate. Le passage au col de Balagues, 1 669 m, nous offre une vue sur la Dent d'Orlu, puis c'est la descente sur Ascou à 883 m.

Nous sommes à deux pas d'Ax-les-Thermes, petite ville thermale où les eaux sulfureuses soignent la lèpre, la gale et une foule de petits maux.

Nous remontons sur la Forge pour rejoindre le col de l'Osque à 1 404 m. Nous sommes bien dans les Pyrénées, c'est tout un ensemble de monts à perte de vue. La neige n'est pas très loin ; depuis le printemps 1997, d'inquiétantes silhouettes ont recommencé à se glisser entre les arbres de la forêt de Nagui, celles de superbes loups gris, autrefois nombreux dans cette région. Ils ont disparu des Pyrénées Ariégeoises au XIXème siècle, victimes d'une image désastreuse qui entraîna leur destruction totale. La descente se fait dans la vallée de l'Ariège par un sentier au milieu des conifères qui laisse place à une large piste pour entrer dans le village d'Orlu, puis c'est la remontée au col de Joux à 1 781 m et enfin descente sur Merens. Il nous faut reprendre des forces et nous alimenter correctement, tous ces dénivelés nous usent. L'hospitalité nous est donnée au lieu-dit « Roque-Rouge » où nous avons une vue sur les crêtes d'Andorre. La pente s'adoucit, nous franchissons une barrière, la limite de l'Ariège et des Pyrénées-Orientales, puis c'est la grimpette jusqu'au col de Puymorens à 1 920 m.

Nous marchons dans la neige, certains passages sont difficiles, nous enfonçons jusqu'aux genoux. Le col de Puymorens fut un lieu de passage de la plus haute importance. C'est une voie marchande, dès 1052, entre le Bassin Toulousain et la Catalogne. Passaient par là des convois de mules venant du Nord, chargés de draps, de fer, de bois et ceux venant du Sud étaient chargés de vin, d'épices, de blé et de cuir. Nous passons la nuit à Porta. Dès le réveil, c'est une longue ascension qui nous attend jusqu'à Portella Blanca à 2 517 m à la frontière France-Espagne. Le prochain point de ravitaillement se situe à dix heures de marche. Il faut donc se charger en eau et en vivres, grimper, descendre, nous sommes au cœur de la montagne. En pleine nature, nuit à la belle étoile, blottis au fond de nos duvets. Nous passerons ensuite par Cabana Dels Esparvers, puis Coborriu De La Llosa à cheval sur le relief tourmenté de la Sierra De Cadi. Le parc de Cadi apparaît comme une muraille infranchissable d'où surgissent ici et là des montagnes de calcaire. Les pins et les chênes, parfaitement adaptés au sol calcaire et au soleil, prospèrent particulièrement. On trouve aussi toutes les variétés de fleurs de

montagne, de la gentiane au rhododendron. Le Pic noir reste la fierté, le symbole du parc. Nous poussons jusqu'au refuge Dels Cortals. Le lendemain, une longue journée nous attend ; après avoir passé le col de Pendis à 1 800 m, la neige se met à tomber ; nous continuons malgré tout et c'est une véritable tempête qui s'abat sur nous : plus de repères, plus de chemin ! Une cabane de berger nous sert d'abri. En une heure, il en tombe 80 cm ! Je fais des allers-retours pour faire la trace. À cette cadence, la neige nous emprisonne, il fait froid, c'est notre corps qui se refroidit ; si nous restons là ce sera pire, il faut prendre une décision ! Nelly est complètement affolée : « nous allons mourir ici !», dit-elle. Je ne sais pas quoi faire, mais je ne montre pas mon anxiété. La neige tombe de plus belle. Que faire ? En montagne, la situation peut vite devenir dramatique, c'est le cas aujourd'hui. « Je veux rester là » me dit Nelly. Je fais tout pour la convaincre de me suivre. Nous sommes trop loin de tout, il faut avancer ! Je fais la trace dans la neige qui m'arrive à mi-cuisse. Sur une petite pente, j'enfonce jusqu'aux épaules, vite il faut faire demi-tour, notre progression est lente et il neige toujours. Je n'ai vu aucun repère ; il faut avancer coûte que coûte car la nuit n'arrangera pas la situation ! J'aperçois au loin un panneau, je me dirige droit dessus, ce sera le dernier point de signalisation. Nous sommes sur le bon chemin, je regarde ma trace pour voir si elle est bien droite et dans la bonne direction. Les lacets de mes chaussures ne tiennent plus. Les heures passent et toujours autant de neige. Deux heures plus tard, l'épaisseur diminue insensiblement… Sommes-nous sauvés ? Pas encore, la neige s'enroule autour de mes lacets et, comme si je ne galérais pas assez, je me retrouve avec des boulets aux pieds ! Mon sens de l'orientation me remet sur le droit chemin mais nous ne pouvons plus passer : une dizaine de ruisseaux descendent d'une colline ; il faut les éviter et cette manœuvre nous écarte de notre chemin. Nous perdons de l'altitude, la nuit arrive, la fatigue aussi ! Nous finissons par déboucher sur une route, aussitôt j'essaie de me repérer ; oui c'est bien à gauche qu'il faut partir. J'aperçois une immense côte, non ce n'est pas vrai ! Dans l'état où nous sommes nous n'arriverons pas à grimper ; je décide de partir à droite, il faut absolument trouver de quoi se réchauffer, nous sommes trempés, épuisés ! Tout à coup, nous découvrons une lumière sur une petite colline. Nous allons droit dessus, il faut absolument trouver refuge. Arrivés sur cette maison, nous tambourinons, la porte s'ouvre et j'entends ronronner le fourneau qui se trouve au milieu de la pièce. L'homme, surpris de nous voir, comprend tout de suite la situation et nous accueille chaleureusement ; il s'appelle Raymone, il tient un petit refuge, où il accueille les gens de passage, les ouvriers, si bien que nous resterons deux jours chez lui ! Repos, farniente, récupération… Nous avons encore de la route, notre hôte nous informe que l'on ne pourra pas passer car la neige a recouvert les cols. Nous restons sur la route pour rejoindre Berga à 40 km de là. Après de longs remerciements, nous quittons notre ami. Le chemin est long jusqu'à Berga. Dès notre arrivée, nous ferons de l'auto-stop pour rejoindre la ville de Foix avec la promesse de revenir et faire la totalité du parcours un peu plus tard dans la saison. Je n'aime pas rester sur un échec…

Excursion à St-Véran

Au mois d'août 2004, c'est reparti avec nos amis, Martine et Pascal sur le tour du Queyras, au départ de Ceillac. Martine est assistante maternelle et Pascal est cuisinier. Il ronchonne souvent, mais c'est un sportif toujours prêt à partir. Les mélèzes nous accompagnent tout au long de notre circuit. C'est le seul conifère qui perd ses aiguilles en hiver et il lui faut deux ans pour atteindre sa taille adulte. À partir du XVIIème siècle, les habitants du Queyras ont su développer un artisanat remarquable, une complicité évidente avec le mélèze car, coincés dans leurs hivers longs et rigoureux, ils occupaient leurs journées à fabriquer des meubles sculptés et des objets de toutes sortes. Cet artisanat a perduré aux quatre coins de la région et encore aujourd'hui, des artisans entretiennent ces traditions. Par une belle journée ensoleillée, nous quittons Ceillac pour atteindre le col des Estronques, à 2 650 m. Déjà les marmottes aux aguets signalent notre présence par des cris perçants à toute leur colonie. Nous descendons par de nombreux lacets sur la rive gauche du Rif pour arriver en fin de journée, à St-Véran, village

emblématique à 2 050 m d'altitude, caractéristique avec ses maisons en étages. C'est le village le plus haut d'Europe avec ses chalets de bois et de pierres aux toits recouverts d'ardoise, ses fontaines, son four à pain et ses cadrans solaires typiques. Une nuit paisible, récupératrice de nos premiers mille mètres de dénivelé, est la bienvenue. Tôt le matin, nous prenons un chemin en terre qui monte vers Claussis pour atteindre le col de Chamoussière. L'orage se prépare, il faut vite se protéger, le tonnerre diffuse un écho qui ne nous rassure pas ! Nous sommes à 2 884 m, il faut vite redescendre tout en restant prudent, les pierres sont rendues glissantes par la pluie. Nous arrivons vers 16 h 30 au refuge Agnel. Ouf, l'orage s'est calmé. J'ai toujours avec moi une paire de chaussures de sport ; aussitôt arrivé je les passe et je pars gravir au pas de course le col Agnel à 2 744 m. Je suis applaudi par les touristes montés en voiture. Je découvre le pain de sucre qui domine toute la vallée du haut de ses 3 208m et vue sur le mont Viso. Après le col Vieux à 2 806 m, c'est une longue descente jusqu'à Abriès. Nous atteignons le lac Foréant, puis celui d'Égorgeou, à 2 394 m. La prochaine étape nous fait prendre de l'altitude puisqu'il faut remonter au col du Malrif à 2 866 m. Nous traversons un alpage où nous découvrons un torrent de pierres rouges qui sera notre fil conducteur. Les deux prochaines étapes ne seront pas de tout repos, à chaque fois plus de 1 000 m de dénivelé, le col de Furfande à 2 500 m et refuge. Ensuite Ceillac et c'est avec des images plein la tête que nous reprenons notre quotidien.

La Vanoise, Les Puys d'Auvergne

Le 5 septembre 2004, je pars seul pour la Vanoise. La saison terminée, les refuges passent en position hivernale, c'est-à-dire qu'ils sont fermés, mais ils doivent mettre à disposition une pièce accessible pour héberger des randonneurs de passage. Je me renseigne avant de partir et j'apprends qu'il n'y aura pas de points d'eau. Il faut donc que je prenne toutes les mesures si je veux réussir mon aventure. La préparation de mon sac conditionnera mon parcours, je dois prendre un duvet suffisamment chaud car les nuits en montagne peuvent être fraîches, des vêtements de pluie, de la nourriture pour quatre jours et de l'eau, au minimum dix litres. A la pesée, c'est plus de vingt et un kilos que je dois embarquer sur mon dos, direction Pralognan la Vanoise à 1 418 m. Cette première

journée est un bon test, 1 345 m de dénivelé positif et 454 m de négatif. C'est parti par une belle côte jusqu'au pont du Chanton à 2 210 m, le lac des Roches où je réalise de très belles photos et le col de la Vanoise à 2 329 m sur le GR 5. Les pauses s'enchaînent, le sac se fait lourd, je ne peux plus le porter, lorsque je découvre le refuge. Il me reste environ quatre km : je décide de couvrir la distance d'une seule traite, mais ce ne sera pas le cas, à bout de force, je pose plus de dix fois mon sac. J'arrive deux heures plus tard, complètement épuisé et le comble de cette histoire, c'est que l'eau coule à volonté au refuge ! Je dors douze heures d'affilée avant de repartir avec quatre kg de moins.

La Vanoise est une synthèse de la montagne, celle où se côtoient avec sérénité haute montagne, alpages, fleurs, villages, hommes et animaux. Du refuge de l'Arpont j'irai jusqu'à celui d'Aussois. A chaque virage, je découvre un nouveau paysage : là c'est un chien patou que je rencontre suivi de son maître, un berger barbu à qui j'adresse la parole ; je lui dis : « Cela fait deux jours que je n'ai vu personne » ; il me répond : « Et moi cinq jours, passe ton chemin » ! Je ne dirai rien de plus. Heureusement, il y a la nature et c'est un émerveillement total : les sommets enneigés, les cascades, les ruisseaux, les oiseaux, sont au rendez-vous. Je répartis mon effort pour arriver en forme au refuge où je trouve du bois qui viendra me réchauffer un peu. Un pur bonheur ! Le lendemain je pars à l'aube, à la frontale ; je fais plusieurs fois le point avec ma boussole avant d'atteindre le col d'Aussois, à 2 916 m, une virée au refuge du Grand Bec et retour à Pralognan. Je termine en forme cette escapade, heureux que la nature m'apporte force et énergie.

Les 100 km de Dijon

L'année 2004 s'achève avec les 100 km de Dijon. La capitale bourguignonne est entourée de vignobles prestigieux avec des vins de grand cru, tout au long de ses collines. Les vignes courent, elles aussi, en rangs serrés, de Gevrey-Chambertin à Vougeot, Nuits-Saint-Georges, Aloxe-Corton, Pommard et Santenay. A chaque village son vignoble et son appellation d'origine contrôlée ! Les cent km sont organisés par le Club Alpin Français de Dijon.

Tous les deux ans le parcours est tracé sur un site différent. Départ à 14 h 10 ; les accompagnateurs du club alpin donnent la cadence, ils sont les seuls à connaître le parcours. Des serre-files referment la marche, tout le monde avance à quatre km/h, pour ainsi arriver au 70ème kilomètre à sept heures le lendemain matin. Les trente derniers kilomètres se réalisent à allure libre. C'est l'automne, les paysages sont magnifiques, les arbres et la vigne ont retrouvé leurs parures dorées. Le départ est donné à Marsannay ; nous sommes environ une centaine de participants à affronter ce défi. Très vite, nous nous retrouvons en

pleine nature, un petit arrêt technique et c'est tout le groupe qui défile sous vos yeux. Je remonte rapidement car je préfère me positionner à l'avant, les échanges sont sympathiques, nous sommes tous sur le même chemin, dans la même galère. De courtes pauses sont tout de même les bienvenues. La nuit arrive, les frontales suivent avec leurs faisceaux. J'ai choisi une lampe puissante ravitaillée par quatre grosses piles et je peux éclairer toute la piste sur quarante mètres. Tous les participants suivent sans problème particulier, nous avons affaire à de vrais sportifs. A sept heures, c'est la pause petit déjeuner : croissants, fruits, boissons chaudes. Nous récupérons nos sacs et je change de tenue : un petit maillot, des chaussures légères, un peu d'eau et un document sur lequel nous devons faire poinçonner nos passages tous les cinq kilomètres. Il nous reste 30 km pour boucler les 100 km. Le parcours restant est balisé, alors à nous de jouer ! Les meilleurs partent en courant, je suis dans le groupe de tête, surpris de voir la réaction de mon corps. J'ai l'impression de me réveiller après avoir passé une bonne nuit et de partir à l'entraînement et pourtant ce n'est pas le cas, nous venons de marcher pendant 17 heures sur 70 km ! Nous trouvons encore de l'énergie pour finir au pas de course. Le document se remplit de tampons, je suis passé en tête depuis quelques minutes, personne ne viendra me chercher et je termine premier ces cent km avec une nuit de sommeil en moins. Quelle belle expérience !

Un périple à terminer dans les Pyrénées

L'année 2005 démarre mal ! Cinq ans plus tôt, Sonia perdait son père et maintenant, toujours en janvier, j'apprends le décès de mon papa. Je suis absent ce dimanche, je travaille au CHU pour servir le repas que nous offrons tous les ans aux anciens employés de l'hôpital quand Sonia m'annonce la triste nouvelle. Il a 75 ans et n'a pas vraiment de problème de santé connu. Je me dis : « Ce n'est pas possible, non pas lui, c'est injuste, car c'est encore en rendant service que sa vie s'arrête » ! En voulant déneiger le chemin d'accès d'une voisine âgée, le cœur s'est arrêté subitement. Il n'y aura rien à faire, il nous a laissés comme ça… Nous sommes démunis de tout lorsque la vie s'arrête… Plus de papa, il faut être fort, accepter par obligation, tourner la page et le garder précieusement dans mes pensées.

Obligé de continuer à avancer dans la vie, je décide de repartir en mai, faire la traversée des Pyrénées entre Foix et Berga, soit 250 km. Je retrouve au passage mes repères comme si personne n'avait emprunté ces sentiers cathares.

Je me souviens des cols qui ne laissent aucun répit, car la pente est très raide ; je dors à la belle étoile, au même endroit. Mon objectif est de retrouver le passage montagneux où nous avions été pris sous une tempête de neige. Ce mois de mai est propice, tout est là pour m'aider à réussir cette expédition : la nature avec tous ses arbres en fleurs, le beau temps, les sentiers vidés de leur manteau blanc.

Au cinquième jour, je retrouve le chemin de la cabane de berger où je m'étais abrité. Le paysage est complètement différent ; sur ces chemins de pierre, je découvre les balises qui me garantissent d'être sur le bon parcours, je cherche où j'ai bien pu passer. C'est même trop facile, je fais un détour, cette fois-ci, parce que je l'ai décidé pour retrouver mon ami espagnol, Raymone.

Avec une série de photos, les retrouvailles sont très amicales, je passe la soirée chez lui. Le lendemain, je découvre les sentiers que je ne connais pas, je croise des mouflons. Cet animal est de la même famille que le mouton mais il est nettement plus agile que son cousin. Il vit en groupe dans les zones d'éboulis et en hiver il descend parfois jusqu'aux abords des villages. Je poursuis ma progression à bonne allure, en pleine nature ; il n'y a pas de points de ravitaillement et je risque de manquer d'eau. Avec cette chaleur, je dois répartir ce qu'il me reste ; je prends de petites gorgées mais j'ai toujours cette sensation de soif et j'arrive à sec, plus une goutte d'eau !

J'ignore la distance qui me sépare du prochain relais. Une heure après, je tombe sur un groupe de randonneurs suisses. Sympas, ils me donnent deux litres d'eau. Le premier est bu sur-le-champ et je repars de plus belle jusqu'à Berga, soulagé d'avoir enfin pu traverser ces Pyrénées. Comme la première fois, je fais de l'auto-stop pour revenir à Foix. Cette traversée je la dédie à mon père qui ne m'a pas quitté tout au long du parcours.

Traversée des Puys d'Auvergne

Juin 2005 me fait découvrir l'Auvergne grâce à une course de 330 km : la traversée du Puy-de-Dôme et du Cantal dans le magnifique parc naturel régional des volcans avec un dénivelé cumulé de 21 850 m en semi autonomie, sans dossard ni classement. Mon ami Pierre, qui m'a fait connaître la Lozère, est un excellent organisateur. C'est lui qui donne le départ à Volvic, après la présentation des douze participants. Nous courons à travers les rues pour rejoindre la campagne et c'est après Moulet Marcenat que nous découvrons ces volcans avec, pour commencer, le Puy de La Nugère. Son côté principal s'est construit en recouvrant partiellement de petits cônes antérieurs ; le cratère profond de 80 m laisse infiltrer l'eau par les différentes coulées, ce qui confère une grande pureté à l'eau de Volvic.

Le deuxième, Puy de Jumes, est un superbe observatoire sur l'ensemble de la chaîne des volcans avec, notamment, le Puy de la Coquille. C'est une journée dans les Puys : Puy Chopine, Puy des Gouttes, Puy des Goules. Ils sont tous à environ 1 100 mètres d'altitude. L'après-midi, c'est le Puy Pariou que nous explorons. Pour en sortir, il faudra en faire le tour et filer en direction du Puy-de-Dôme. Du haut de ses 1 465 m, il domine quatre-vingts autres volcans. L'étape se termine à Laschamp après 43 km de course. Pour nous remettre de nos « Puys », le lendemain, nous allons parcourir 56 km et nous arrivons dans un autre décor au lac d'Andat, le plus grand lac naturel d'Auvergne. Il a été formé par la coulée de lave issue du Puy de la Vache et de Lassolas, il y a plus de 8 500 ans.

De petits groupes se sont formés, certains resteront seuls. Lors de ces étapes, personnellement, je préfère rester en groupe, c'est plus sympa et nous prenons des décisions ensemble. Ce n'est pas toujours simple, surtout si les chemins sont encombrés ou déplacés suite à une coupe de bois, ce qui occasionne quelquefois des kilomètres en plus. Après la pause de la mi-journée prise sur le pouce près d'Olloix, nous passons par le Puy du même nom, pour ensuite rejoindre, par le GR 30, le petit village de Saint-Nectaire, nom du fameux fromage au lait cru fabriqué encore aujourd'hui, bien souvent par des femmes.

Le Saint-Nectaire fut appelé jusqu'au XVIIème siècle fromage de seigle. Il faut treize à quatorze litres de lait de vache et quatre à huit semaines d'affinage sur la paille pour obtenir un bon St-Nectaire fermier. Nous arrivons à la Dent du Marais qui résulte d'une éruption volcanique formant ainsi une imposante aiguille rocheuse de cent mètres de haut, telle une falaise, à 943 mètres d'altitude. Nous atteignons le lac de Chambon, issu des volcans puis nous poussons jusqu'à Courbanges, terme de cette deuxième étape.

Le troisième jour, direction Super Besse et nous arrivons dans la réserve naturelle de la vallée de Chaudefour, une des trois vallées glaciaires du massif du Sancy, réserve naturelle depuis 1991, afin d'en protéger ses espèces animales et végétales. Cette vallée est aussi riche par ses sources thermales. Nous sommes maintenant sur le Mont-Dore et enfin l'arrivée au gîte de Chareire. Quatrième et longue étape de 57 km, petit tour du lac Chauvet et nous enchaînons par trois lacs, Tac, Crégut et Taurons. Nous sommes en admiration devant ces paysages d'eau de montagne et nous arrivons à Condat, un petit village du Cantal.

Il faut reprendre la route pour la cinquième étape de 55 km, traverser la rivière et trouver son chemin, ce qui n'est pas toujours une mince affaire. Pierre nous avait prévenus : « Prenez avec vous des vêtements longs, c'est plus prudent » ! Sur un sentier étroit, j'ai vite compris pourquoi. Nous sommes accueillis par des spectatrices d'un genre nouveau, positionnées en rangs serrés de chaque côté du sentier, prêtes à nous tapoter au passage. Sur cinq-cents mètres, des orties d'un mètre cinquante nous attendent. Nous marchons les bras levés au ciel ; malgré cela elles nous laissent leurs douloureuses et piquantes empreintes. Nous approchons de Saint-Saturnin. Comme c'est mignon après les orties ! A plus de 250 km de notre premier Puy, je pense bien en avoir terminé mais il faut accepter les derniers Puys du Cantal, le Niermont à 1 620 m et le Puy Mary. Le sentier, très raide par endroits, a été aménagé en escalier constitué de marches de béton pour rendre accessible le Puy aux touristes. Nous passons la nuit au gîte communal ; c'est Pierre ; ancien cuisinier qui nous invite ; il nous mitonnera de succulents petits plats, le repas sera royal !

Sixième étape, 50 km. Nos corps se sont adaptés, on s'en souviendra des Monts d'Auvergne ! Le lendemain, il faut déjà aborder la dernière étape par le Puy de Bassièroux, Puy de Chavaroche, Puy Violent et enfin l'arrivée à Falgoux, main dans la main, heureux d'avoir partagé tous ces moments forts. Cette deuxième expérience de course avec Pierre, au gré de la nature, m'apportera beaucoup sur le plan du partage, de l'entraide, et le fait de ne pas avoir à gérer le chronomètre change toute la donne. Ensemble, nous prenons le temps de découvrir, d'observer la nature, il n'y a pas de rivalité.

C'est tous ensemble que nous avons pris le départ et c'est ensemble que nous terminons cette belle expédition. Ce sera difficile de se séparer.

Un grand merci à Pierre et à Nelly son épouse qui arrêteront leurs aventures ici. Je n'ai aucune nouvelle d'eux ; peut-être qu'un jour ?

Ainsi se termine cette belle expédition à travers la France. Avec ses petits villages, ses lacs, ses montagnes, cette France si différente d'une région à une autre, cette France que je découvre avec passion. Ce mois d'août 2005 reste à tout jamais inscrit dans ma mémoire et cette belle expédition, sans préparation particulière, pas très loin de chez moi, m'a marqué grâce à nos rencontres pleines de gentillesse et de générosité.

Le tour du Léman

Tout commence par notre décision de partir au mois d'août, Sonia et moi, faire le tour du lac Léman sur treize jours avec 11 490 m de dénivelé. Cette belle aventure commence à Lutry, proche de Lausanne. Le lac Léman est notre compagnon lors de cette étape qui nous conduit jusqu'à Aubonne. Après 35 km, nous arrivons au petit village de Saint-Livres à la recherche d'un hébergement. Une charmante dame passe une dizaine d'appels avant de trouver quelque chose et son voisin nous y conduit avec son véhicule.

L'accueil est chaleureux dans cette ferme où la propriétaire nous explique qu'elle veut réaliser un projet avec les écoles. Elle souhaite être référencée

en tant que ferme éducative. Nous passons un moment fort agréable en sa compagnie. Ce sera ainsi tout au long de notre parcours. De Saint-Livres, nous passons par Signal-de-Bougy avec une vue imprenable sur le Mont-Blanc, la-Cure, lieu-dit en zone franche. Nous voici de retour en France, déjà la nostalgie pour une nuit au refuge de la Grenotte. Le lendemain, la pluie nous accompagnera toute la journée. Nous avions signé pour une seule journée de pluie, ce sera fait ! Le col de la Faucille, Gex et le petit village de Croset pour une nuit à l'hôtel afin de retrouver toute l'énergie pour cette longue aventure.

Au départ de la quatrième étape, je trouve un numéro de téléphone sur mon guide. La personne que j'ai au bout du fil me précise qu'elle déposera la clé de la ferme qui se situe au milieu des bois, dans le four à pain. Elle nous montera de l'eau, il faudra ensuite glisser la pièce pour la nuitée. Ouf, les clés sont bien entreposées dans le four à pain ; une bonne soupe nous réchauffe avant une nuit agitée car nous ne serons pas seuls. Une tribu de souris logées entre les cloisons vient inspecter nos affaires durant la nuit, sans emporter ses déchets ! Heureusement, la fatigue prend le dessus ! Nous traversons le Rhône, quelques pommes maraudées au passage, avant d'attaquer la montagne du Vuache à 1 100 mètres. Un chalet nous accueille, point d'hébergement sur le chemin de Compostelle reliant Genève au Puy-en-Velay. Au chalet nous serons seuls ce soir ; nous irons nous restaurer au village ; l'aubergiste nous donnera tout le nécessaire pour le lendemain. Sonia sera ravie, elle qui ne peut pas démarrer la journée sans son petit déjeuner. Nous traversons le plateau de la montagne de Sion et remontons le versant nord-ouest du

Mont-Salève par le Grand Piton à 1 379 m. C'est une montagne des Pré-Alpes en Haute-Savoie, on l'appelle aussi le balcon de Genève. Nous admirons le Léman dans toute sa beauté et rejoignons le téléphérique qui descend à Annemasse et Bonne pour une soirée bar à vin.

Le lendemain, il nous faut atteindre la station de Supersaxel. Nous nous autorisons une pause avant la dernière ascension, dans un petit bar. La propriétaire découvre notre itinéraire et je lui indique que nous rejoignons la station. Très surprise, elle nous confirme qu'il n'y a plus rien, tout est fermé, la station n'existe plus ! Il faut continuer notre chemin pour trouver un endroit pour nous loger ! La journée sera longue, nous arrivons au col de Cou, quelques maisons se trouvent là. Un couple nous ouvre sa porte et confirme qu'il n'y a pas d'hébergement... Ils déploient toute leur énergie pour trouver enfin une chambre d'hôtes à huit km en arrière !

Sympa, le mari nous conduit en voiture et nous indique notre sentier à reprendre le lendemain afin de retrouver le droit chemin. Il nous précise qu'il n'y a pas de boulangerie dans les environs, alors il nous achète du pain que nous prenons lors de notre deuxième passage, impossible de régler, il refuse absolument ! Après de chaleureux remerciements, nous reprenons la direction du col du Feu. Le sentier nous mène vers la crête boisée du Mont d'Hermone. Le 26 décembre 1999, la tempête Lothar a fait de grands dégâts ici. Après 8 h 30 de marche, nous arrivons à Reyvroz. A nouveau, se pose le problème de l'hébergement ; un charmant monsieur prend le temps de téléphoner à toutes les structures des environs.

Après une vingtaine de coups de fils, il trouve quelque chose de disponible dans un hôtel. Nous acceptons, nous nous dirigeons en voiture jusqu'à l'hôtel de la Poste à Lullin, 15 km plus loin. Celui-ci est occupé par des habitués qui viennent tous les ans faire leur petit séjour au calme, loin des sites d'affluence touristique. Au cours du repas du soir, nous ferons l'attraction de toutes les personnes habituées à une vie sédentaire et la soirée se termine en une véritable conférence sur notre expédition.

Au matin, une mamie de quatre-vingts ans nous propose de nous conduire sur notre prochaine étape ; les routes sont étroites et tortueuses. Sonia suggère à la brave dame que je prenne le volant ! Mais notre chauffeur ne cède pas :

« J'ai l'habitude, j'ai appris à conduire avec un pilote de course automobile » !

Soudain, dans un virage, un énorme camion vient en face, j'ai bien cru que notre dernière heure était arrivée ! Nous parvenons tout de même à bon port, sains et saufs !

Une nouvelle journée se présente avec d'autres paysages, de belles rencontres. Sonia est dans un bon jour et marche bien, nous sommes comblés. Au détour d'un chemin, s'offre à nos yeux l'objectif de la

journée : la Dent d'Oche qui domine la région de ses 2 222 m. Bien qu'étant à portée de main, après une grande côte, nous aurons une longue approche. Le sentier sort de la forêt et la pente devient progressivement moins raide. Nous rejoignons le chalet d'Oche. Le sentier traverse les alpages, blotti entre la Dent d'Oche, la Pointe de Pelluaz et les Aiguilles du Darbon, puis monte vers le refuge.

La pente devient à nouveau progressivement plus abrupte, la dernière partie de l'ascension est équipée de chaînes et de câbles pour franchir la cheminée ; ça se mérite ! Nous sommes récompensés par la présence de bouquetins qui nous attendent et c'est un spectacle magnifique sur le Jura, les Alpes, les Dents du Midi et le Mont-Blanc. Le refuge, accroché au rocher, est équipé d'un chemin de ronde. Nous pouvons admirer le coucher du soleil sur le Léman.

Le lendemain, nous passons par la cheminée. Les câbles nous rendent bien service ! Le sentier nous emmène jusqu'à Novel et nous retrouvons le lac Léman à Saint-Gingolph et le Bouveret. Sonia est complètement épuisée et ne fera pas un mètre de plus. Je m'adresse à l'office du tourisme pour trouver un hébergement. Une charmante hôtesse me renseigne, mais sans succès. La saison touristique bat son plein et tout est complet ! Soudain, elle écarte le téléphone : le propriétaire des chambres d'hôtes vous propose de mettre à votre disposition son bateau qui se trouve sur le lac. Nous acceptons avec joie et nous serons servis sur le bateau par notre hôte. Cette rencontre conviviale se termine autour d'une bonne bouteille ! Le réveil sur le lac est sublime et c'est le cœur joyeux que nous rejoignons, en bateau, notre point de départ, des images plein les yeux…

Le grand raid de la Réunion

En octobre 2005, je prends mes derniers congés pour participer au grand raid de l'île de La Réunion, une course à pied de 140 km avec 8 000 m de dénivelé. Elle porte bien son nom, ***La Diagonale des Fous***, en plein hémisphère sud, à près de 10 000 km de l'Hexagone. Continuellement en mouvement, des entrailles du volcan de la Fournaise jaillissent des flots de lave. Les cyclones balaient régulièrement La Réunion, notamment les cirques de Salazie, Mafate et Cilaos. Depuis les balbutiements de la traversée de l'île à la fin des années 80, jusqu'à l'officielle 13ème édition – celle que je vais courir – on ne compte plus les récits lyriques, les histoires palpitantes et les envolées héroïques et élogieuses qui ont jalonné la grande traversée réunionnaise. Chaque vainqueur, chaque concurrent, chaque anonyme s'est lancé à corps perdu dans cette aventure, certain de vivre une grande et passionnante rencontre avec lui-même. Chaque année, au moment de la pleine lune d'octobre, date anniversaire de la course, le cœur de l'île s'arrête de battre. La Réunion entretient en effet, avec la Diagonale des Fous, une passion débordante qui fait de chaque participant au grand raid une espèce de héros, un homme, une femme, respecté par tous, un demi-Dieu ! Les entraînements s'intensifient au fil des semaines et des mois précédant le grand départ. Un public nombreux se presse année après année pour rendre hommage au plus grand, mais aussi au moins coté sur l'échelle de la performance, car si la vitesse n'est pas la même entre le premier et le dernier, dans les cœurs des hommes et des femmes, l'un et l'autre se confondent dans la même admiration populaire. Le temps s'oublie au fil des kilomètres et des heures pour laisser la place à cette fascination envers tous ceux qui peuvent raconter leur épopée. Pouvoir dire j'y étais, j'ai survécu à l'épreuve !

Dès mon arrivée à Saint-Denis, Aéroport Roland-Garros, je suis accueilli par Christian, mon ami réunionnais venu vivre sur l'île depuis plusieurs années. Le jour même, il m'emmène en montagne pour une randonnée et Christian me dit : « Voici ton terrain de jeu, des montagnes à perte de vue, la diagonale c'est une course pour grand sportif ; bon courage Gabriel » ! Le lendemain je suis invité chez ses amis ; je fais comprendre à tout le monde que je suis venu courir le grand raid, donc je ne ferai pas d'écart alimentaire pour être en forme. Ils seront tous avec moi et m'inviteront après la course. Christian habite près de Saint-Denis, à La Possession. Je rejoins le départ en bus à Cap Méchant situé entre Saint-Joseph et Saint-Philippe. Tout notre équipement est contrôlé avant le départ : sifflet, lampe frontale avec piles et ampoules de secours, couverture de survie, bidons d'eau ; toutes ces choses sont obligatoires. A minuit, Patrick Montel de Stade 2 donne le départ et libère les deux-mille-deux-cents fous de cette diagonale, direction le Piton de la Fournaise. Nous sommes partis du niveau de la mer ; d'entrée, c'est l'ascension du volcan avec 2 084 m de dénivelé. La pente est raide et déjà ont lieu les premiers abandons des participants partis

trop vite dans l'espoir de réussir. A La Réunion cette course est signe de reconnaissance d'emplois ; là où le taux de chômage atteint les 30 %, tous les moyens sont bons ! Un passage à 2 400 m à l'Oratoire Sainte-Thérèse et c'est la descente vers le Piton Textor au 50ème kilomètre. A Marc à Boue, un grand ravitaillement nous attend. Christian et ses amis sont là, ils me trouvent en forme, je les remercie d'être venus m'encourager. Je dois m'alimenter, la route est longue, il me reste 90 km. Boissons énergétiques et fruits feront l'affaire. Le parcours est très bien balisé, toute l'île de la Réunion est en ébullition. Ils sont mille-deux-cents du cru à participer à cette course. Sur nos dossards, nous pouvons lire en gros caractères le prénom de chacun d'entre nous. Les spectateurs, nombreux dans tous les villages traversés, nous identifient grâce à nos maillots. Des sentiers escarpés nous conduisent à Cilaos. Des lits de camp sont installés pour le repos du forçat ; gare à celui qui s'y attarde trop longtemps ! Les anges gardiens réunionnais pourront bien les veiller toute la nuit ! C'est ce qui est arrivé à mon ami Didier.

Ne disposant que de quelques jours pour participer au grand raid, aussitôt arrivé, c'est le départ. La fatigue l'immobilise à Cilaos. Plus tard il reprend ses esprits : « Ce n'est pas possible, j'ai dormi tout ce temps » ! Bien reposé, ce sont des centaines de coureurs que Didier dépasse sous le regard incrédule des participants ! Tout au long du parcours, nous rencontrons des points de contrôle avec enregistrement des temps de passage. Nous descendons cent mètres de dénivelé et il nous faut remonter au col Taïbit à 2 080 m. Les kilomètres défilent, les abandons aussi, les coureurs peu préparés à ce genre d'effort se retrouvent en grande difficulté. Il faut stopper et rejoindre le village le plus proche. C'est la fin des cirques, le cœur géographique de la Réunion. Cilaos, Salazie et Mafate dominent l'intérieur de l'île. Les premiers habitants de cet endroit furent des esclaves noirs évadés. Le cirque n'est accessible qu'à pied ou en hélicoptère. Nous passons par Roche Plate, au 93ème kilomètre. Nous courons sur tous les types de terrain, même des échelles seront mises à disposition pour traverser les passages difficiles.

Une petite douleur au niveau du genou vient me déranger, c'est la fatigue qui se manifeste. Une longue descente se présente, jusqu'à 256 m d'altitude. Ma douleur au genou s'accentue, il va falloir prendre une décision ; je n'ose pas regarder ma jambe, je suis à 18 km de l'arrivée ! Mentalement, avec cette blessure, je suis capable de faire abstraction de la douleur et rejoindre l'arrivée. Un poste de secours se situe sur le bord de la piste ; je m'y arrête, un médecin ausculte mon genou. Il est enflammé, le volume a augmenté d'un tiers et ça peut encore s'aggraver ! Que dois-je faire ? Il me conseille d'arrêter la course, mais c'est moi seul qui dois prendre la décision, la sage décision… Je suis capable de finir cette aventure ; j'ai encore quinze jours de vacances, je vais découvrir les magnifiques paysages de l'île. Stop, j'abandonne ! Ce n'est pas facile de trancher, j'ai bien réfléchi, c'est plus raisonnable. Je suis véhiculé jusqu'à l'arrivée. Les réunionnais restent admiratifs de tous ces extraterrestres de la diagonale. D'ailleurs, ce sont eux qui me conduiront chez mon ami Christian, absent pour le week-end. Je reste tranquille deux jours avec de la glace et de l'argile sur mon genou. Finalement, je me rétablis rapidement, j'ai bien fait de prendre cette décision, maintenant je peux repartir à la découverte de l'île. Je suis béni des dieux, Christian me fait découvrir son île, j'apprécie sa compagnie, je rencontre à nouveau ses amis. Je visite une fabrique de gousses de vanille. Au XIXème siècle, les premiers plans de vanille sont introduits sur l'île de la Réunion. Des scientifiques découvrent que la vanille a besoin d'un agent extérieur, en l'occurrence les abeilles. En 1841, Edmond Albuis, un jeune esclave orphelin, est recueilli comme un fils par Monsieur Beaumond Bellier qui l'initie à la botanique. Il est à l'origine de la découverte qui va révolutionner la culture de la vanille. Il suffit de presser légèrement la fleur le matin de bonne heure, car ensuite elle tombe et de soulever la cloison mobile qui sépare les étamines des stigmates. Cette découverte va permettre un essor de la culture de la vanille. L'île de La Réunion a été pendant un certain temps le premier exportateur de vanille avec une production de mille-deux-cents tonnes par an. Mon ami Christian et ses amis me proposent une randonnée au Piton de la Fournaise.

Pas très enchanté, je traverse ces roches noires et très abrasives ; cependant, je ne serai pas déçu de découvrir autrement ce site grandiose avec ses formes, ses couloirs, ses roches scintillantes sous le soleil. Je vais même en extraire quelques échantillons sans être surchargé car la roche est très légère. Très belle journée qui se termine par une dégustation des produits réunionnais, notamment le cari accompagné de rougails et brèdes. A la Réunion, un repas traditionnel sans cari est presque impensable. Il existe le cari-poulet, le plus fréquent et le cari-poisson. Ce sont des préparations non pimentées. L'accompagnement est tout aussi important : du riz et des petits bols remplis de grains (lentilles ou pois). Le brède est issu de certaines plantes et le rougail est un condiment très pimenté. Ainsi se termine cette aventure au bord de l'océan Indien. A mon arrivée à l'aéroport, je suis accueilli en héros. Sonia a fait venir les enfants, tout le monde porte un maillot à mon effigie, une énorme banderole est déployée. On peut lire, en gros caractères :

La Diagonale Des Fous, Le Retour Du Gaulois !

Expédition avec mon neveu et la GTJ

Ce 5 mars 2006, nous nous réveillons au chalet, dans un calme inhabituel, et pour cause, un mètre de neige recouvre le paysage, les routes ne sont pas ouvertes, c'est féerique, il faudra employer les grands moyens ! C'est à l'aide d'engins de chantier, que les chemins sont dégagés. Tout le monde se retrouve à pelleter, c'est l'entraide, la convivialité, les skis redeviennent un bon moyen pour se déplacer. Allons-nous retrouver les hivers d'antan ?

Mes aventures, je les raconte à ma sœur Marie-Thérèse et à mon beau-frère. Mes neveux sont également à l'écoute. Le plus jeune, Quentin, me dit qu'il aimerait bien venir avec moi faire une virée en montagne. C'est super ! Je lui fais une proposition : je vais préparer une sortie et nous irons dormir à 1 500 m et tous les ans nous gagnerons 500 m de

dénivelé. Bien décidé à me suivre, il accepte et c'est au mois de mai, après la fonte des dernières neiges, que nous prenons la direction de Métabief, petite station familiale se situant à quelques kilomètres de la frontière suisse. Les sacs à dos sont bien chargés et nous partons pour deux jours d'expédition.

A onze ans, Quentin est prêt pour son baptême de la montagne et l'ascension du Mont d'Or à 1 419 m. La météo n'est pas au top, je sais qu'il faut se faire mouiller pour un baptême, mais je préfère passer entre les gouttes ! Le sentier nous fait passer par la piste des championnats du monde 1993 de VTT. En prenant de la hauteur nous apercevons tous les petits chalets de la station. Quentin coopère bien, nous avançons d'un bon pas, lorsque retentit le premier coup de tonnerre. Je n'avais pas vraiment prévu cette situation. Aussitôt la pluie s'invite à la randonnée. Heureusement, nous avions prévu des vêtements adaptés. Les sentiers deviennent glissants, les coups de tonnerre se rapprochent et nous sommes encore loin du refuge.

Quentin a peur, je dois le rassurer et ne pas lui montrer que moi aussi j'ai horreur de l'orage ! Peut-il garder ses bâtons de marche ? J'aimerais les jeter mais nous en avons encore besoin. Le vent s'en mêle, au fur et à mesure que nous grimpons, la visibilité diminue, la lumière aussi, encore un petit effort pour arriver au sommet, nous trouverons bien un abri ; premier chalet du haut de la station, fermé ! L'orage s'intensifie, la pluie tombe de plus belle, dans cette ambiance ténébreuse, Quentin n'est pas rassuré. Je dois faire face à cette situation. Mon Dieu, aidez-moi ! Et comme par miracle, une porte s'ouvre sur un petit chalet qui sert d'abri pour les pique-niques. Sauvés ! Quentin retrouve le sourire…

Un couple de randonneurs arrive, tout affolé. Dans la panique, ils ont abandonné leurs bâtons et sont incapables de se rappeler à quel endroit. Je les rassure en leur disant que c'est moins grave qu'un accident. Une heure plus tard, l'orage s'est calmé, nous en profitons pour reprendre notre marche sur l'autre versant en suivant la ligne de crête qui nous conduit à notre refuge. La vue est splendide sur les aiguilles de Baulnes, le

Jura et les Alpes suisses.

En fin de journée, nous arrivons au chalet du club alpin suisse, ouvert tous les week-ends. Des bénévoles se relaient pour accueillir les randonneurs. Ce soir, deux Suisses d'un certain âge, Gaston et Maurice, sont là, un verre de rosé à la main. Chacun doit se débrouiller pour faire son repas ; j'ai pris de quoi nous restaurer sans consulter Quentin qui n'apprécie guère ma soupe déshydratée. Pendant ce temps, nos deux compères suisses préparent la fondue. C'est un rituel chez les suisses, plusieurs fois par semaine ils consomment ce repas. Comme ils disent : « On fait une moite, moite », car ils utilisent deux sortes de fromage. Face à face, ils s'installent, la bouteille de fendant entre eux deux. Je distingue sur le côté un autre verre où ils trempent le pain avant de le plonger dans le fromage.

Ils nous invitent à goûter en précisant de ne pas tremper le pain à chaque fois dans le verre car nous ne sommes pas habitués. Il contient du kirsch, ça promet, la soirée risque d'être bien arrosée ! Nous ne mettrons pas longtemps à nous en rendre compte dans le dortoir où nous sommes tous réunis. Gaston demande sans cesse à Maurice d'arrêter de ronfler ! Enfin la fatigue nous emporte dans une nuit réparatrice.

Le lendemain, nous reprenons les sentiers qui nous conduisent à Vallorbe. Une belle journée s'annonce avec, en prime, l'ascension de la Dent de Vaulion à 1 483 m. Les parents de Quentin, inquiets suite aux orages, nous retrouvent avec Sonia à Vallorbe et c'est ensemble que nous grimpons la Dent de Vaulion. Quentin, ravi, raconte son expédition et se dit prêt à renouveler cette expérience.

La grande traversée du Jura

Au mois de juin de cette année 2006 je prends quelques jours de congé, bien décidé à faire la grande traversée du Jura sur une distance de 400 km. Je dispose donc de huit jours ce qui me fera huit étapes d'environ 50 km. La GTJ est un sentier de grande randonnée qui parcourt les montagnes du Jura, de Mandeure près de Montbéliard jusqu'à Culoz dans l'Ain, en longeant la frontière suisse. Le premier jour, Sonia me dépose à Mandeure et me souhaite bonne chance. Je traverse la Suisse par les sentiers à travers les pâtures pour arriver à Goumois. Je me retrouve dans l'un des nombreux abris atomiques d'Helvétie. Une grosse porte blindée donne accès à cette forteresse. La fatigue du premier jour me laisse très peu de temps dans ce refuge insolite. Sonia prend de mes nouvelles à chaque étape. Le massif du Jura est loin d'être une montagne homogène. Partagé entre la France et la Suisse, le relief se chevauche et se froisse en combinant les failles et les zones de fracture. Le Jura plissé se découvre en vals et en combes, souvent ébréché par des cluses profondes. Il m'offre de pittoresques paysages sur la corniche et je me laisse guider par le Doubs franco-suisse, une rivière de première catégorie qui me plonge dans un défilé de trente kilomètres. Le parcours, aux gorges chaotiques, est ponctué par d'illustres sites comme les Echelles de la Mort, le lac de Biaufond et le Saut du Doubs. A cet endroit, je retrouve des flots de touristes arrivés en bateau à la découverte de ce site remarquable. Je poursuis mon chemin par les bassins de Villers-Le-Lac. Après une bonne nuit en gîte, je refais le plein d'eau. Il faut préciser que je suis chargé avec des céréales pour le petit déjeuner, des fruits secs, du pain bio, du Comté pour le midi et de la soupe lyophilisée pour le soir.

Je m'oriente vers Pontarlier par le Mont Châteleu et le Grand Taureau, lequel coiffe la montagne du Larmont. Les couches de roches verticales des Dames des Entreportes se profilent, ainsi que la forteresse de Joux perchée sur un éperon rocheux dominant la Cluse-et-Mijoux. C'est au milieu d'une forêt de 5 000 ha que se situe le lac Saint-Point, la troisième plus grande surface d'eau naturelle en France. Je suis en pays de connaissance et j'ai pris mon rythme de croisière.Le beau temps m'accompagne tout au long de mon expédition. Une petite ascension du Mont d'Or à 1 463 m et ensuite c'est la descente sur la route de la petite Sibérie à Mouthe où je fais étape à environ 1 000 m d'altitude où le froid stagne. Plusieurs records de température ont été relevés : -36,7 °C en 1968 et surtout -40 °C en 1985. C'est le village de la source du Doubs, connu aussi pour la fameuse Transjurassienne, course de fond mythique qui traverse le massif du Jura sur 78 km. Le Canyon de la Langouette marque une entrée dans le Jura, dans le prolongement de la forêt qui transite par la Combe des Cives, le village de Chapelle-des-Bois et le Mont Risoux.

Fatigué, à bout de force, je cherche un hébergement et trouve finalement refuge au Grand Tetras. La personne qui me reçoit m'annonce : « C'est demi-pension ou rien » ! Cela me convient car mes repas cuisinés sur le pouce sont peut-être la cause de ma grande fatigue. Après une bonne douche, le propriétaire m'appelle pour le repas et m'annonce qu'il m'a installé avec deux autres personnes. Belle surprise, je rencontre Denis, randonneur retraité parti de Hollande et Jérôme, venant de Lorraine en VTT, tous deux en chemin pour rejoindre la Suisse. La soirée débute autour d'un énorme plat de spaghetti bolognaise. A travers son vécu, Denis nous raconte ses histoires toutes plus belles les unes que les autres. Nous passerons une soirée extraordinaire comme si nous nous connaissions de longue date. Le propriétaire nous ouvre les portes de son musée de la glisse. Au sous-sol de son refuge, nous découvrons,

à notre plus grande satisfaction sur des dizaines de mètres carrés, tout ce qui concerne les sports d'hiver : du premier ski, avec toute l'évolution du matériel dans ce domaine, du bobsleigh aux patins à glace. C'est une véritable caverne d'Ali Baba. Soirée unique, mémorable ! Il nous faudra tous nous séparer après le petit déjeuner. Je me dirige vers la forêt du Massacre, tristement célèbre pendant la guerre. Les forêts du Haut-Jura sont principalement arborées de résineux et de hêtres ou « foyards ». La sapinière colonise les pentes moyennes et ne dépasse pas 1 200 m. Au-delà, la zone centrale des massifs est le royaume de l'épicéa.

J'arrive au Colombier de Gex. Le brouillard vient perturber mon avance. En quelques instants, je suis noyé dans d'épais nuages bas, je ne vois pas à deux mètres, je m'arrête c'est trop dangereux ! Soudain un coup de vent balaie le brouillard, je me dirige sur une crête, mais les nuages sombres viennent à nouveau perturber ma progression. Je m'arrête, perdu au milieu de nulle part. Je me protège du froid en enfilant plusieurs couches de vêtements. Cette ambiance ténébreuse me stresse, les minutes sont longues, aucune visibilité c'est la première fois que je me trouve dans une telle situation ; je dois attendre. Si seulement j'avais pris ma boussole, bien sûr je n'aurais jamais imaginé être bloqué dans les montagnes du Jura. Je mets plus de deux heures pour sortir de ce piège et redescendre pour me diriger vers mon hébergement qui sera occupé par un groupe de jeunes venus faire la fête. Le gardien du refuge m'indique une maison forestière. Après soixante-dix-huit kilomètres depuis ce matin, je voudrais bien me reposer au calme. J'arrive à la maison forestière qui est fermée pour travaux !

C'est donc à la belle étoile que je termine cette étape. A cinq heures du matin, les oiseaux viendront me réveiller. Je repars sur les sentiers, conscient que la nature m'apporte toute l'énergie dont j'ai besoin et je traverse Bellegarde sur Valserine. Ensuite, je gagne les prairies du plateau du Retord, entre Valserine et le pays du Valromen. Je termine par le Grand Colombier à 1 525 m et le belvédère du Fenestrez. C'est au pas de course que j'achève les derniers lacets, lorsque je trébuche sur une pierre. Je me retrouve à terre, les genoux en sang, la main gauche écorchée. Après quelques soins de fortune, j'arrive à Culoz, au terme de ces quatre-cents kilomètres. Le train me conduira à Lyon puis à Besançon. Cette semaine coupée du monde, riche en émotions, m'a permis de réfléchir, de mettre les choses en place, pas mécontent de retrouver toute ma petite famille.

Notre région est sublime, j'aime me retrouver dans cette nature luxuriante.

Balade en Oisans

Fin juillet 2006, nous profitons de nos vacances, Sonia et moi, pour faire le tour de L'Oisans, dans le parc national des Ecrins. Notre départ est prévu à Bourg-d'Oisans, direction l'Alpe d'Huez, pour marcher ensuite vers le Plateau d'Emparis, Guisane, Vallouise, Champsaur, Valgaudemar et Valbonnais. Il nous faut une âme de pénitent et accepter la rocaille, c'est sans doute à ce prix qu'on apprécie ce pays pur et rugueux. Notre première étape nous conduit au petit village de Besse qui a conservé son décor minéral avec ses rues pavées de galets irréguliers et ses façades de schiste serrées les unes contre les autres. Le village est totalement restauré.

Le lendemain, nous marchons en montant au plateau d'Emparis et nous traversons des prairies semées de gentianes, de renoncules des montagnes, d'aconites, de vesces d'un violet éclatant. Sonia, une fleur parmi les fleurs, prend beaucoup de plaisir sur cette étape. Les marmottes se sentent chez elles et sifflent une note de musique stridente en regagnant leur terrier au moindre danger. En descendant sur le Casset, nous retrouvons les mélèzes. La forêt devient presque dense et bientôt nous pénétrons en Vallouise, la porte d'entrée vers les hauts sommets, à 2 685 m au col des Grangettes. Une courte descente un peu raide nous amène au lac de L'Eychauda, l'un des plus beaux du Massif des Ecrins.

Une petite étape à Vallouise et le jour suivant, nous aurons sans doute l'un des circuits les plus durs de ce tour de L'Oisans, avec 1 600 m de dénivelé, en passant par le col de l'Aup Martin à 2 761 m. Quand il y a une ascension, je marche souvent à mon rythme et je vais gravir ce col à bonne allure. Sur la crête, j'aperçois plusieurs couples de randonneurs ; c'est la pause de midi. Arrivé à leur hauteur, je leur demande s'ils veulent bien garder mon sac. Je cours rejoindre Sonia, je lui prends son sac à dos et je remonte tout le dénivelé ! Le soir, au

refuge, nous mangeons tous ensemble. Nos randonneurs relatent l'histoire différemment : il est arrivé sur la crête, ils se sont dits : « Il a oublié sa montre ou il a perdu quelque chose », loin de penser que j'étais parti chercher ma belle ! Cette nature sauvage de Valgaudemar reste unique dans ses paysages de montagnes. Le désert du Valjouffrey marque une nouvelle étape qui nous conduit ensuite au Val Senestre. Au petit matin, sous la brume, nous reprenons la direction du col de la Muzelle, à 2 625 m. Après quelques heures nous sortons du brouillard, les sommets ensoleillés se dévoilent, c'est de toute beauté ; il faut encore gravir le col du Vallon et voilà la fin de cette expédition. Nous regagnons la vallée. Le Massif des Ecrins est extraordinairement riche. La vraie richesse, c'est de donner le bonheur et de procurer l'émerveillement !

Chamonix

En septembre, une semaine de vacances nous fait découvrir Chamonix et de multiples activités sportives. Nous sommes logés au petit village des Tines dans une résidence hôtelière. Des sportifs et des sédentaires participent à ce stage multisport. Le guide nous présente le programme de la semaine et nous faisons plus ample connaissance. Arrivés en début d'après-midi ce samedi 2 septembre 2006, nous sommes libres. Les activités commencent le lendemain. J'en profite pour m'éclipser et monter au pas de course à La Flégère. Un petit tour à la piscine de la résidence me fait le plus grand bien. Le soir, lors du repas, je fais la connaissance des participants. Tous les matins, vers six heures, je pars courir avant le petit-déjeuner.

Le premier jour nous partons en randonnée à la découverte des environs. L'après-midi, au départ de Chamonix, le téléphérique nous monte à l'Aiguille du Midi qui nous offre une vue à 360°. Nulle part ailleurs, une telle diversité de pics, de dômes, d'aiguilles, de pyramides et de glaciers ; mais aussi, une telle succession de prairies, forêts, roches, glaces et neiges éternelles. C'est la haute montagne puisque nous sommes à 3 842 m. Le soir, diverses animations seront proposées ; de petits groupes se constituent par affinités. Parmi eux, des fêtards qui feront parler d'eux lors de longues soirées apéritif. Une matinée VTT nous fait découvrir les multiples sentiers de la région, suivie d'une randonnée au lac Blanc avec une vue magnifique sur le Mont-Blanc, le toit de l'Europe qui fut gravi en 1786 par Jacques Balmat et le docteur Paccard. La dernière glaciation remonte à une dizaine de milliers d'années. A cette époque, l'emplacement actuel de Chamonix était recouvert d'au moins mille mètres de glace !

Un petit groupe d'une dizaine de personnes dont je fais partie se retrouve lors des repas. Me voyant courir régulièrement, Thierry décide de venir avec moi. Ses amis veulent le dissuader, mais c'est plus fort que lui, il m'accompagne jusqu'à la Flégère. Je prends mon sac à dos pour transporter mes vêtements. Au rendez-vous, mon ami arrive avec une grosse bouteille d'eau qu'il met, bien sûr, dans mon sac ! Je dois le freiner pour ne pas griller les étapes. Arrivé au sommet épuisé, il me demande si j'ai quelque chose à grignoter ; je lui donne des bonbons sans sucre. « Ce n'est pas possible, me dit Thierry ; comment veux-tu que je tienne avec un bonbon sans sucre » !

Je le rassure : « Ne t'inquiète pas, le plus dur est fait ». Il racontera aux autres qu'il était à bout de souffle et, me demandant un remontant, dira : « Ce cher Gabriel n'avait que des bonbons sans sucre, la seule chose dont j'avais besoin c'était du sucre, je n'ai jamais vu ça, des bonbons sans sucre » ! La descente sera moins difficile. Le lendemain, Thierry aura beaucoup de mal à mettre un pied devant l'autre…

La première activité de cette nouvelle journée commence par du rafting, ensuite découverte des gorges de La Diosaz. Nous aidons Thierry toute la journée, appuyé sur une épaule ou entre deux d'entre nous. Un petit vol en parapente depuis le Brévent nous permet de découvrir la région sous un autre angle. Un train à crémaillère nous emmène à la Mer de Glace. Nous descendons les cent-cinquante marches pour atteindre le glacier. Lors d'une journée libre, j'emmène le petit groupe à la découverte du glacier d'Argentières. Ainsi se termine cette semaine sportive.

Je reviendrai quelques jours fin septembre pour faire Le Mont Buet, le Mont-Blanc des dames, qui culmine à 3 096 m. Le lendemain, après une nuit au refuge de La Pierre à Bérard, je reprends la direction de la Suisse pour un entraînement en montagne au départ de Champex. Je rejoins la cabane de Trient à 3 170 m au pas de course en passant par le glacier. C'est un pur bonheur ! Sans sac à dos, je progresse de rocher en rocher, avant de rejoindre le petit lac de Champex pour un moment de détente.

La piste des oasis en Tunisie

A l'occasion d'un voyage à Paris, je rencontre Gilbert dans un salon du tourisme. Il est le directeur de l'organisation de « La piste des oasis ». Je passe des heures à écouter ses récits d'aventurier baroudeur. Il a fait le choix d'organiser des courses à travers les pays du Maghreb. Amoureux des déserts de sable blanc et des palmiers, il lance, en mars 2007, une course de cent-vingt-cinq kilomètres en quatre étapes dans le sud tunisien. Cette course nous permettra de découvrir les Chott, Gharsa et El Djérid, mais aussi les magnifiques oasis de montagne. Dès notre arrivée, Gilbert et toute son équipe nous accueillent sur le sol tunisien. Une cinquantaine de participants arrivent de différents horizons. Nous sommes acheminés en bus jusqu'à notre base. Oum Jmel, notre première étape, est une bonne mise en jambe sur une zone comportant des terrains variés. Ce premier échauffement nous permet de faire comprendre à tous nos muscles que nous allons les solliciter pendant plusieurs heures. Des rafales de vent nous rappellent que nous sommes bien sur des terres sablonneuses. Cinq coureurs prennent les choses en main. Je fais partie de ce petit groupe. Le sirocco ne souffle plus en rafales mais en continu et nous le prenons en pleine face. La partie devient compliquée, je ne vois plus les premiers qui, je suppose, sont pourtant à quelques mètres de moi. Le vent déplace des nuages de sable qui pénètrent partout dans le nez, les oreilles, la bouche et les yeux ! Je suis en colère, car je n'ai plus personne pour m'abriter du vent qui s'intensifie. Je n'ai aucun point de repère, ma progression est lente, je prends la décision d'attendre le groupe des poursuivants. C'est la seule solution pour faire face aux éléments. J'ai du sable plein les chaussures et je dois m'arrêter à tout moment pour les vider. Après une heure-cinquante de course, nous arrivons enfin sur un site qui a fait beaucoup parler de lui au cinéma : ***Star wars la Guerre des Etoiles.*** Beaucoup de vestiges de ce passé galactique sont encore visibles où furent tournés six épisodes de cette saga légendaire. Les arrivées se succèdent, nous avons tous du sable collé sur les dents. C'est une sensation très désagréable. A l'abri des

dunes nous essayons, tant bien que mal, de récupérer. Une bonne douche nous libère de nos picotements. Notre village est coincé entre Chott-El-Jerid et les dunes de sable. Nous passons une agréable soirée et nous sommes très bien accueillis par les habitants. Dans cette localité aux cent marabouts, je prends en photo les scènes de la vie, les métiers manuels, les enfants qui, à travers leur sourire, reflètent la joie de vivre.

Réveil à six heures ; nous reprenons des forces avec un petit-déjeuner à base de fruits avant de prendre la route pour un transfert d'une heure-trente à travers des oasis de montagne qui sont, depuis toujours, une région de frontières. C'est ici que les Romains avaient construit des avant-postes pour défendre l'axe de Tébessa-Gabès. Les paysages sont somptueux avec les canyons rouges de toute beauté. Je prends le départ de cette deuxième étape avec les Alsaciens Pascal et Raphaël. Je surveille ce dernier car il court sensiblement à la même vitesse que moi. Il apprécie le travail que je fais au sein du groupe, je relance et j'attaque à tout moment sur toutes les étapes. « Tu es un battant » ! Me dit-il. Nous passons par Tamerza, village en ruine suite aux inondations de 1969. Seule sa coupole blanche est utilisée. Ce village fut construit plus bas et sa petite oasis est traversée par un cours d'eau situé dans une faille. Cet endroit magnifique est entouré de roche, de sable et une petite rivière prend sa source dans la montagne. Après une chute vertigineuse, elle s'est creusée un petit chemin entre les rochers. Au passage, nous admirons le panorama qui s'étend au-delà de Chott-El-Gharsa. Avant l'arrivée à Mides, nous passons par le canyon du même nom. Il est constitué d'une couche de roche stratifiée, façonnée par l'érosion. C'est au fond de ce canyon de quatre-vingts mètres à l'abri du vent, que nous nous bagarrons avant de remonter. L'arrivée sera jugée après deux heures-cinq de course.

Notre troisième étape sera courue à la plus grande palmeraie de Tunisie. Son entretien et son exploitation occupent une place très importante pour les habitants de Nefta et les palmiers- dattiers en sont la principale richesse. Le climat sec et chaud leur permet de se développer. Le palmier doit avoir les pieds dans l'eau et la tête au soleil pour parvenir au mûrissement optimal des dattes. La production annuelle de la Tunisie est de 60 000 t. Son bois est utilisé pour fabriquer des portails et ses palmes pour la toiture des maisons. Des paniers, des nattes et des éventails sont fabriqués avec les jeunes palmes encore blanches. Celles qui sont mortes servent de barrière à l'ensablement ou à faire du feu chez les boulangers. Nous respectons cet environnement, à la découverte de ces jardins à l'ombre et nous bénéficions enfin d'un peu de fraîcheur. Une journée de repos est la bienvenue avant de partir pour le désert du Sahara. L'après-midi, un guide nous accompagne pour visiter la ville de Tozeur. L'architecture des maisons et mosquées en briques cuites au soleil est de toute beauté. Il en est de même des magnifiques tapis aux formes géométriques les plus variées.

Grand départ pour le désert du Sahara en passant par le Chott-El-Jerid, un grand lac aussi vaste que le Kansas, remarquable par ses mirages et où l'on peut pratiquer la voile sur une longueur de 250 km. Sa surface est constituée d'une agglomération de cristaux de sel. J'ai pris l'habitude d'emmener avec moi du matériel pour les écoles et des vêtements pour les enfants. C'est ce que nous faisons tous lors de notre rencontre avec le peuple berbère particulièrement chaleureux. Cette étape nous conduit dans les dunes du Grand-Erg-Oriental et nous fait traverser les villages d'El-Faouar et de Sabria. Pour cette dernière course de 35 km, nous installons un campement en plein désert. Je passe à l'attaque dès le début du parcours. Les Alsaciens sont là et surtout Raphaël. Je le surveille de près car il a seulement quelques minutes d'avance au classement général. Plus tard, il me dira :

« Tu étais infernal, jamais il ne me lâchera, à tout moment il faut qu'il relance » !

Il faut bien observer le terrain pour progresser dans le désert, à la recherche de sable plus dur pour avoir une meilleure restitution d'énergie, prendre le temps de vider ses chaussures car le sable en y pénétrant, se tasse et compresse les orteils. Les dunes cachent le tracé, heureusement, j'aperçois de temps à autre les premiers coureurs qui apparaissent à leur sommet. Malgré tout j'apprécie ce désert et ses dunes, toutes différentes les unes des autres, la beauté des caravanes de dromadaires qui déambulent au milieu de nulle part. Dès mon arrivée, je vais accueillir mon ami Raphaël, mais une minute trente ne sera pas suffisante pour reprendre sa place au classement général. Je termine deuxième de ma catégorie. Le vent s'est levé sur notre campement et nous retrouvons nos affaires pleines de sable.

Nous vivons de grands moments de convivialité avant de nous préparer pour une grande soirée saharienne. Je capture ces moments de bonheur ; la nuit arrive vite, il faut se vêtir chaudement car les nuits sont fraîches. Les chameliers du village de Sabrina animeront cette soirée autour du feu et l'esprit du désert sera là pour le plaisir de tous. Au retour à l'hôtel, un dîner d'adieu sera organisé. Avant les préparatifs, nous prenons tous la douche. Bien savonné, je me retrouve sans eau pour me rincer. Nous sommes nombreux dans ce cas. Après quarante-cinq minutes d'attente, je profite d'un petit filet d'eau…

Accompagnés par les chants et les danses tunisiennes, nous finissons ce périple autour d'une bonne table. Après toutes ces étapes, je me souviens de la peur au ventre, lors de mon premier marathon ; aujourd'hui, je réalise que j'en ai couru vingt !

Mes cinquante ans en Corse

Durant cette année 2007, nous partons, Sonia et moi, à Fréjus pour une randonnée dans le massif de l'Esterel, puis quatre jours dans la vallée de la Forclaz en Suisse. Morillons et Samoëns par le lac d'Anterne, enfin je termine par les cent km de Dijon.

J'ai décidé de fêter mes cinquante ans en Corse et de traverser l'île de Beauté en diagonale en empruntant le fameux GR 20. Je souhaite réaliser le parcours en une semaine. Encadré par Loïc, nous sommes une dizaine de participants sur cette épreuve, dont deux femmes. Ce parcours particulièrement difficile attire en nombre les randonneurs. Il mérite bien sa réputation et ses qualificatifs : rude, engagé, isolé, magnifique, surprenant. La Corse, c'est une montagne dans la mer avec le Mont Cito à 2 706 m qui domine l'ensemble de l'île. C'est un peuple de montagnards, tous les villages sont érigés sur des promontoires et surveillent l'Ouest et l'Est. C'est par là que sont arrivés les envahisseurs, les Grecs, les Romains, les Vandales, les Sarrasins et les Génois. Lassé d'être pillé ou colonisé, le Corse, initialement pêcheur, s'est réfugié sur les hauteurs. D'un naturel méfiant comme tous les peuples montagnards, il vit ainsi en équilibre entre les sommets et la Méditerranée.

J'ai choisi de rejoindre Calvi à l'aéroport Sainte-Catherine. Nous avons rendez-vous à seize heures. Un véhicule de l'organisation nous conduit à Calenzana, lieu de départ de cette course de 190 km pour atteindre, une semaine plus tard, le village de Conca, terme de notre expédition. En soirée, nous faisons la connaissance de Loïc et des autres participants. Le choix des vêtements est capital pour faire face aux aléas du parcours. Cependant, il ne faut surtout pas trop se surcharger car la route est longue et les dénivelés sont conséquents. Nous allons courir tous les jours sans dossard, l'objectif étant d'arriver tous ensemble. Ce ne sera pas toujours le cas, le GR aura une fois de plus raison de sa réputation.

Au petit matin du 2 juillet 2007, nous traversons le petit village endormi de Calenzana. Les premières photos immortalisent ce site et le sentier démarre à la sortie du village. Très vite nous prenons de la hauteur avec vue imprenable sur la baie de Calvi, mise en jambes qui nous permet de

faire connaissance avec notre petit groupe. Nous marchons tous avec le même objectif, nous sommes tous solidaires et arrivons au refuge dans l'après-midi, ce qui nous dégage du temps pour récupérer. Le soir, nous consommons un repas riche en féculents, notre carburant pour recharger les batteries.

La deuxième étape nous conduit au refuge d'Usciolu. La prochaine sera plus longue, plus difficile. Dès sept heures, nous arrivons au cirque de la Solitude. Dans la fraîcheur matinale, nous traversons les derniers névés dans le brouillard. C'est à l'aide de chaînes que nous passons la barre rocheuse, tous nos gestes sont concentrés sur cette roche friable. Dans l'après-midi, nous arrivons au col Saint-Pierre à 1 452 m ; nous sommes cinq à ce moment-là. Il faut remonter encore un dénivelé de 1 150 m. Je suis très fatigué, je mange une barre énergétique, mais ça ne suffit pas ; deux kilomètres plus loin, je tombe à terre. Le guerrier n'en peut plus, mon corps refuse de redémarrer ! Mes amis me donnent de quoi m'alimenter. Je prends tout, comme si le réservoir était complètement vide. Il me faut trente minutes avant de refaire surface. Didier, Dominique et Caroline à mes côtés, m'aideront à repartir. Le sentier longe la face sud du Mont Tozzu et remonte vers l'est jusqu'à La Bocca-à-Réta à 1 833m et redescend progressivement pour gagner les rives du lac de Ninu. Mes amis prennent le temps d'admirer le paysage. Pendant ce temps, je continue mon chemin, j'ai froid et je dois rejoindre à tout prix le refuge. Arrivé le premier, je vais aussitôt prendre ma douche pour me débarrasser du sel qui recouvre mon corps. Je suis le seul ; il faut dire que la douche est ouverte à tous les courants d'air. Avec la fatigue, après plus de onze heures de course, j'ai du mal à me réchauffer. Les Corses ont tout prévu ! Dans la cabane de berger qui fait office de refuge, un chaleureux feu de cheminée nous accueille. Je m'installe à proximité de celui-ci. Lorsque mes amis arrivent, le gardien du refuge, un patriarche, m'apostrophe : « Dégage de là » ! Je m'éloigne, mais personne n'osera prendre ma place. Dans la bergerie, il faut se glisser dans les sacs de couchage pour retrouver un peu de chaleur.

La journée du 5 juillet me sera consacrée : c'est mon anniversaire, cinquante ans, un demi-siècle ! Je découvre une jolie carte que Sonia a déposée dans mes affaires. J'avais ordre de ne l'ouvrir que ce jour. Suite à la défaillance de la veille, je retrouve force et énergie pour rejoindre un sentier de dalles et de pierres qui conduit à la Brèche Capitellu à 2 225 m, direction Vizzavone, terme de cette quatrième étape où je reçois des messages de mes proches. Un verre de myrte à la main, nous fêtons cet événement. Notre ami Loïc nous fait découvrir les arbousiers, les pistachiers et la lavande sauvage, des cistes roses et blancs. Amoureux de la nature, originaire du continent, il a su se faire adopter dans cette Corse qui n'hésite pas à prendre les armes pour faire respecter l'environnement. Il n'y a pas si longtemps, on comptait un randonneur pour cent bergers. Ce sont eux qui ont creusé les premiers sillons, déplacé les premiers blocs de granit. Aujourd'hui encore sur le GR 20 on traverse peu de villages, les seules rencontres authentiques se font avec les bergers.

En longeant plus de quinze sommets dépassant les 2 000 m nous irons jusqu'au refuge Capanelle. Arrivé de bonne heure, je repars avec Caroline jusqu'au lac Bastani, à 2 247 m. Nous nous baignons dans une eau glacée, un bon moyen pour récupérer avant de rejoindre le refuge où nous rencontrons des randonneurs. Chaque année, environ huit mille personnes empruntent le GR 20 mais seulement un tiers termine le parcours ! Le reste abandonne en chemin et quitte le fil d'Ariane pour rejoindre un fond de vallée ; c'est ce qui se passera lors de cette dernière étape. Nous sommes partis dès cinq heures du matin, à la frontale. La fatigue accumulée depuis le départ aura raison d'un petit groupe de trois personnes qui, accompagné de Loïc, prendront un raccourci avant de nous retrouver à l'arrivée. Avant cela, il faudra passer par les aiguilles de Bavella. Ce site se caractérise par des pics déchiquetés, de grandes murailles rocheuses et des pins tordus par le vent. Ce massif fait la jonction entre la partie Ouest de la Corse, la région de la Sartène et la partie Est, la plus haute qui culmine à 1 899 m ; encore un panorama unique, comme tous ceux découverts tout au long de ce parcours. A l'arrivée, nous retrouvons tout le groupe devant une bonne bière.

Après avoir salué tous les participants, il nous faut repartir aussitôt pour rejoindre les différentes villes afin que tout le monde retrouve ses correspondances. Je suis seul, sur la nationale 198, à faire de l'auto-stop pour rejoindre Porto-Vecchio. J'arrive dans un triste état à l'hôtel, car avec la transpiration, j'ai de la poussière sur tout le corps. Je prends le temps de visiter cette ville avant de reprendre le bus dès le lendemain pour Figari. Puis c'est l'avion pour Paris où je retrouve Caroline par hasard. Nous nous séparons, elle pour l'Angleterre et moi pour la Franche-Comté.

Le GR 20 reste une épreuve difficile, si vous partez trop tôt dans la saison, vous serez confronté aux névés encore présents. Mal préparé ce sera la descente en fond de vallée sans apprécier les magnifiques paysages.

Le Tour du Mont Rose

Le 28 juillet 2007 Sonia et moi décidons de réaliser le tour du mont Rose qui culmine à 4 134 mètres d'altitude. De vastes massifs ferment la vallée de Zermatt en Suisse et durant tout notre périple nous contemplons les géants des Alpes Valaisannes. C'est parti pour sept jours de randonnée au départ de Saas Fee. Les sacs sont lourds, j'ai du mal à finir cette première étape, je ne dis rien à Sonia qui sera contente de retrouver un petit hôtel à Grachen. Le départ de ce tour a été conditionné par la réservation d'un seul refuge que nous atteindrons ce jour. Europahütte se situe au cœur de la nature, à 2 200 m. Les sentiers sont adossés à la montagne par des passages aériens, des ponts suspendus mais très sécurisés. Nous sommes en Suisse, il suffit de connaître les points de chute et les panneaux sont là pour nous indiquer le chemin. Au détour d'une colline, nous découvrons le Cervin : impressionnant, magnifique, il ne nous quitte plus jusqu'à Zermatt. Celui que nous avions découvert depuis longtemps sur les plaques de chocolat se trouve à portée de main du haut de ses 4 478 m. Il ressemble à une immense pyramide et se situe à la frontière italienne entre le canton du Valais et la vallée d'Aoste. La première ascension se déroule à 1 865 m, mais il reste encore un exercice difficile réservé aux alpinistes chevronnés. Nous arrivons à Zermatt, station de sports d'hiver très réputée, à 1 600 m d'altitude. Un problème que je n'ai pas su résoudre avant le départ se pose : comment franchir cette montagne pour rejoindre l'Italie ? J'avais rencontré des amis qui étaient passés dans la région par le col Théodule, à 3 000 m, ils étaient encordés.

Je vais donc me renseigner à Zermatt, mais je ne trouve pas les informations dont j'ai besoin, comme si personne ne passait par là… A l'auberge de jeunesse, je n'apprends rien de plus. Je ne ferai pas demi-tour, il faut trouver une solution ! Je résume la situation à Sonia : « Nous avons deux possibilités : la première, c'est un passage par le col, mais ce n'est pas la meilleure car il faut traverser un glacier ou remonter sur la face italienne, je crains que la neige nous fasse barrage et la seconde, prendre le téléphérique le plus haut d'Europe qui nous déposera à plus de 3 800 m ». C'est un parcours glaciaire où les services d'un guide de haute montagne sont conseillés. Cela, je l'ai caché à Sonia, je sais que c'est de la folie ! Je dois absolument obtenir les renseignements à ce sujet car nous partons demain. Je trouve enfin l'office de tourisme, sauvé ! J'expose mon problème, mais malheureusement je n'en saurai pas plus. J'étudie toutes les cartes mises à ma disposition ; enfin un point positif, le beau temps sera avec nous et nous devrions pouvoir passer. Sonia est d'accord mais pas du tout rassurée. Je lui dis simplement qu'en cas de problèmes, nous ferons demi-tour en empruntant le téléphérique ; à moi de tout mettre en œuvre pour garder confiance et réussir…

La nuit sera courte. Dès le lendemain, nous sortons du lit vers cinq heures pour prendre le premier téléphérique qui grimpe à 2 900 m, puis le deuxième à 3 883 m qui nous propulse en direction de la haute montagne. Partis trop tôt, nous n'avons pas pris notre petit-déjeuner. Heureusement, j'ai des provisions dans mon sac. Dans la télécabine, tous les passagers sont équipés de crampons, de piolets et nous sommes là avec nos chaussures de marche. Tout le monde nous observe curieusement et se demande ce que nous faisons là…Nous apercevons la gare nichée sur un piton rocheux, c'est impressionnant, nous voici arrivés dans un monde de neige et de glace. Il fait très froid, rapidement nous enfilons tous les vêtements dont nous disposons. Tous les passagers du téléphérique disparaissent dans la neige et nous nous retrouvons seuls dans cet immense désert blanc. Je demande à Sonia de manger quelque chose, mais elle ne peut rien avaler. Sourire aux lèvres, je lui dis : « Ne t'inquiète pas, je maîtrise la situation » ! En réalité, je ne sais pas quelle direction prendre ; finalement, je suis la ligne de crête qui devrait nous conduire en direction de l'Italie. Dans la neige, notre progression est lente. Enfin nous trouvons les traces d'une motoneige, sauvés ! Une heure plus tard, nous apercevons un panneau où nous pouvons lire Bivacco Cittadi Mariano et nous arrivons vers un refuge italien. Nous voici enfin sortis de notre piège. Sonia reprend confiance et se décide à manger quelque chose. Avec l'altitude, le froid, nous consommons beaucoup d'énergie.

Vers 19 heures nous arrivons au refuge Alberto-Del-Ponte, nous serons chaleureusement accueillis par un couple de sportifs. La soirée sera douce et reposante, nous en avons bien besoin ! Le lendemain, nous remontons au Passo-Zube à 2 874 m. Nous sommes conscients que le plus dur est derrière nous, alors, très décontractés, nous observons le paysage et en particulier le lac Gabiet à la frontière italo-suisse, tandis que le Mont-Blanc apparaît au loin. Nous descendons jusqu'au hameau de Pierres-de-Pianmisura et empruntons le chemin qui mène au chalet de Walser-de-Scarpia. Nous visitons ces lieux envoûtants avec des constructions en forme de proue de navire, afin de détourner les avalanches. Le parcours forestier conduit finalement à Alagna, à 1 180 m, où un énorme orage éclate juste après notre arrivée. Nous l'avons échappé belle ! Le Mont Rose est au milieu de toutes ces montagnes et à plus de 4 000 m, nous le voyons très peu.

Le lendemain, nous grimpons au col de Turio, puis nous basculons sur Macugnaga. De là, il nous faut remonter au mont Moro à 1 800 m. C'est là que je m'aperçois que nous avons oublié nos cartes d'identité à l'hôtel. Je suis fou de rage, ce n'est pas possible ! Nous ne sommes pas très loin de la télécabine, je vais leur expliquer la situation. Aimablement, l'employé contacte l'hôtel. Effectivement, ils ont bien retrouvé nos documents. Sauvés ! Ils les déposent au pied de la télécabine et c'est ainsi qu'une demi-heure plus tard nos papiers arrivent en téléphérique ! Nous prenons le temps d'observer le versant Est du Mont Rose et nous voici à nouveau en Suisse à la découverte du lac de Mattmark, coincé entre les montagnes, puis c'est le retour à Saas Fee. Pour Sonia et moi, c'est toujours un grand bonheur de terminer ces longues expéditions et nous prenons vraiment beaucoup de plaisir à découvrir les magnifiques paysages.

Randonnée avec mon neveu

Avant cette fin d'année 2007, je ne manque pas de partir avec mon neveu Quentin randonner en montagne où j'ai trouvé un refuge à 2 000 m, dans la vallée de Gstaad. Nous mettrons plus de cinq heures à grimper en passant par le lac de Lauenen. C'est une nouvelle étape pour Quentin avec cinq cents mètres de dénivelé de plus. En prenant de la hauteur, nous admirons toute la vallée avec des dizaines de chalets accrochés à la montagne. Lauenen s'est opposée à signer une cession pour capter les eaux du Geltenschuss, car la municipalité accordait plus d'importance à la valeur esthétique du paysage. Grâce à leur lutte, nous pouvons visionner les magnifiques cascades d'une hauteur de deux-cents mètres. Je prends l'escalier qui permet de franchir une barre rocheuse pour immortaliser ce passage et je pose mon appareil photo sur un montant de la rampe. Je le mets en mode automatique et nous fixons l'objectif. Satisfaits du résultat, nous sautons de joie, mais les vibrations font basculer l'appareil à travers les sapins ! Nous suivons en direct la chute… Il nous faut quarante-cinq minutes d'efforts pour récupérer le matériel. Miracle, il fonctionne ! Malgré huit-cents mètres de dénivelé, Quentin suit le rythme de la course. En fin de journée, nous arrivons au refuge de Geltenschuss. Quelques centimètres de neige tombés durant la nuit ne nous facilitent pas la tâche. Sur le sentier du retour, l'eau glacée d'une cascade nous oblige à faire un détour, mais très vite le soleil vient nous réchauffer. Ainsi se termine cette nouvelle expédition avec mon neveu toujours content de découvrir de nouvelles montagnes.

Expédition en Cappadoce

Les 50 ans de Sonia à Lisbonne

Cette année 2008 est marquée par une succession d'événements et de rebondissements. Pour ses cinquante ans, je fais une surprise à Sonia : je l'invite à passer quelques jours à Paris. Les enfants étant sur place, nous en profitons pour fêter son anniversaire et passer une belle journée dans la capitale. Heureuse de cet événement inattendu, nous terminons la soirée chez son fils Jérôme et, au petit matin, je réveille Sonia pour lui annoncer que ce n'est qu'un début car nous devons être dans deux heures à l'aéroport. Un peu plus tard, nous sommes dans l'avion à destination de Lisbonne où j'ai invité son cousin José pour nous accueillir. Sonia me dit qu'elle n'avait pas prévu de partir si loin et qu'elle n'a pas suffisamment de vêtements. Trop tard, tout s'enchaîne, il faut suivre le mouvement. Arrivé à Lisbonne je dois rencontrer son cousin que je ne connais pas et faire la surprise à Sonia. Ce n'est pas gagné, mais j'adore ces situations ! Première phase : récupérer la valise, puis regarder discrètement si je trouve un indice pour reconnaitre José car je n'ai pas vraiment anticipé. J'aurais pu lui dire de prendre le magazine « Le Chasseur Français » ou plutôt « le Chasseur Portugais ». A la sortie, de nombreuses pancartes sont levées à destination des arrivants. Tout à coup, Sonia me crie : « Je vois mon cousin José ». C'est pas beau la magie ! Elle va s'opérer durant tout ce séjour sur les terres de ma bien-aimée.

Le Verdon

Nous serons dans les Gorges du Verdon du 8 au 12 mai, à la découverte d'une région magnifique et du 16 au 21 juin, toujours en randonnée, mais cette fois-ci à Zurich en Suisse. Fin août, aux Becs de Bosso, à plus de 3 000 m, pour préparer ma prochaine expédition au Népal. Début septembre, je repars quatre jours en Suisse faire le tour du Wilhorn.

Toujours dans cette dynamique, je mets toutes les chances de mon côté, hygiène de vie, entraînement, tout est fait pour réussir.

Altitude 2500 m

Du 20 au 22 septembre, je prépare ma nouvelle expédition avec mon neveu Quentin. Cette année, le dénivelé est de 2 500 m. Nous arrivons au lac de Mauvoisin. Le barrage de la retenue de ce lac logé au fond du Val de Bagnes a été inauguré en 1958. Nous montons jusqu'à la cabane de Chanrion à 2 500 m. Le lendemain, nous rejoignons le glacier de Brenay. Les pieds s'enfoncent dans la neige et rendent la progression difficile. « Je ne peux plus suivre » me crie Quentin. Je trouve tous les arguments pour qu'il continue. Heureusement, au retour, nous marchons sur le glacier, ainsi notre allure est plus rapide.

La Cappadoce

Je suis en Turquie au mois de mai pour une course en étapes sur plus de cent kilomètres dans la région de la Cappadoce. Il y a trois millions d'années un volcan appelé Erciyes a transformé une région en désert sculpté par la nature et les intempéries. Le temps a fait son œuvre et l'érosion a raviné les hautes vallées profondes aux teintes infinies de rose et de rouge, les falaises vertigineuses érigées en citadelle, les cheminées de fées, aiguilles de tuf, forêts lunaires où poussent vignes et vergers, villes souterraines troglodytes.

Une fois de plus je pioche sur mes propres deniers pour participer à cette course organisée par Jean-Claude Lecornec et toute son équipe. Au départ de Paris Orly, l'ambiance est de taille puisqu'un grand nombre de participants s'étaient rencontrés en Chine et au Sri Lanka sur d'autres compétitions et je suis tout de suite adopté par le groupe.

A cheval sur deux continents, avec 5 % en Europe et le reste en Asie, la Turquie est un vaste pays entouré de huit états et bordé par quatre mers : la mer Noire, la mer Marmara, la mer Égée et la mer Méditerranée. Cette situation géographique avec sept-mille-deux-cents kilomètres de côtes et deux-mille-six-cent-vingt-sept kilomètres de frontières, a attiré de tout temps les peuples du pourtour méditerranéen et asiatiques par sa position stratégique. La Turquie est à la croisée de toutes les routes commerciales et le lieu de rencontre de nombreuses cultures.

Arrivés au pays, nous sommes transférés en bus à Avanos dans la région de la Cappadoce. Jean-Claude nous réunit tous pour nous présenter toute son équipe et nous expliquer le déroulement de cette aventure. Dès le lendemain, nous rejoignons un magnifique caravansérail construit en

1241, d'où sera donné le départ. Cette grande bâtisse servait de gîte d'étape sur la route reliant Konya à Kaysari. Je suis attiré par des petites tentes au bord des champs cultivés ; à l'intérieur, des familles se protègent du soleil. Les paysans travaillent la terre avec des moyens rudimentaires, certains utilisent une mule attelée à une charrue en bois. La visite de la ville souterraine de Kaymakli nous plonge dans la fraîcheur. En effet, sous huit niveaux groupés autour d'une cheminée d'aération assurant une ventilation, la ville souterraine pouvait héberger des centaines d'habitants et servait à cacher la population lors des invasions.

A travers un dédale de corridors très étroits nous arrivons dans des pièces plus ou moins grandes, celles-ci servaient de cuisine et d'hébergement.

Les étapes se suivent, toutes plus belles les unes que les autres. Nous sommes sur des sites fabuleux. Guidés par les Turcs, l'équipe organisatricc part tous les matins de bonne heure pour baliser le parcours. Après la seconde étape, Christian, Agnès et moi partons faire un tour dans la campagne ; nous sommes rapidement attirés par un groupe d'une quinzaine de femmes qui piochent la terre. Soudain, une charrette tirée par une mule arrive ; nous supposons qu'il s'agit du propriétaire qui surveille ses ouvrières ! Une sonnerie retentit, c'est le téléphone de ce personnage qui malgré tout l'archaïsme de la situation, est au top de la technologie ! Deux heures plus tard, nous sommes avertis par Jean-Claude qu'un coureur s'est perdu. En petits groupes, nous faisons le parcours en sens inverse et les sentiers avoisinants. Pour une fois, ce n'est pas moi qui me suis perdu ! Après plusieurs heures, il est retrouvé et remis sur le droit chemin. Durant la nuit, un orage éclate, ce qui ne nous facilite pas la tâche.

Le lendemain, les sentiers sont gorgés d'eau ; au début c'est marrant, nous montons sur les talus, certains glissent, se retrouvent les pieds dans l'eau, c'est sans fin ! Je décide alors d'aller tout droit, mouillé pour mouillé, le sentier n'existe plus et il faut passer des bras de rivière. Tout à coup, j'entends crier derrière moi : plusieurs camarades se sont pris au piège en voulant emprunter un raccourci. Ils ont de l'eau jusqu'aux épaules ! Vite, la solidarité se met en place et nous les sortons de ce mauvais pas. Ils l'ont échappé belle ! Le soir tout le monde a sa petite anecdote à raconter sur cette étape. La Turquie, c'est le pays des tapis en laine ou en coton. Nous sommes émerveillés par leurs couleurs, leur beauté et leur douceur, mais aussi par la dextérité des tisseuses.

La dernière étape sera courue au départ du village de Mustafapaşa, situé à 1 172 m dans un paysage de savane. Je termine donc ma dernière course à la troisième place dans ma catégorie vétérans. Une petite pause à la forteresse d'Uçhisar, point culminant de la Cappadoce à 1 300 m avant de rejoindre la grande et belle Istanbul.

Cette ville attire toujours la curiosité des voyageurs par sa position stratégique car elle est située sur le détroit du Bosphore qui sépare l'Asie et l'Europe et relie la mer Marmara à la mer Noire. Istanbul reste la ville la plus riche et la plus fascinante de Turquie avec ses prestigieux monuments qui témoignent de la richesse de son histoire, notamment la mosquée bleue, la basilique Sainte-Sophie et le Grand Bazar. C'est ainsi que se termine cette merveilleuse aventure aux portes de l'Asie.

Sans le savoir, cette expédition fut la dernière grande course à laquelle je participai.

Une dernière sortie avant mon départ pour le Népal, à Clermont-Ferrand, où les Parisiens Anne-Laure et Jérôme ont élu domicile avec leur fille Léane et, bien sûr, un petit détour par le Puy-de-Dôme, ultime et dernière ascension avant le grand jour.

A l'assaut des sommets du Népal

Ce n'est pas par hasard si j'ai choisi cette destination car la montagne m'attire et les voyages également. Le Népal, le toit du monde, fascine tous les montagnards avec ses sommets à plus de 6 000 m et l'Everest à 8 848 m. Depuis quelques années, j'épargne pour réaliser mon rêve : partir au Népal. Les mois passent, je dois prendre une décision, je pars pour réaliser une course à pied ou un trek.

J'ignore comment mon corps va réagir dans la très haute montagne, alors je prends la sage décision de partir sur un trek ce qui rassure un peu mon amie Sonia qui ne fera pas partie du voyage. Après avoir choisi un organisme spécialisé dans ce genre d'expédition, je rencontre mon assureur afin de couvrir la totalité du voyage par une garantie adaptée. Je suis dans une excellente forme physique grâce à toutes les sorties réalisées ces derniers mois en montagne. Après une visite chez mon médecin et mon chirurgien-dentiste, je peux partir sereinement.

Le TGV direction Paris file à grande vitesse et je rejoins l'aéroport de Roissy Charles de Gaulle où je retrouve les douze participants. Ensemble nous irons jusqu'à Bahreïn, petite escale d'une nuit sur cette île proche de l'Arabie Saoudite. Le lendemain, nous reprenons un vol direction le Népal et Katmandou, à 1 350 m, gigantesque ville d'où partent toutes les expéditions. Dans ce pays, le mot trekking prend toute sa signification. Imaginez un petit royaume montagneux où la population se déplace exclusivement à pied. Le Népal est soumis à un régime de mousson qui conditionne le choix des zones de trekking en fonction des saisons. Ce mois d'octobre 2008 offre des conditions optimales.

Arrivé à Katmandou, j'ai l'impression que nous circulons en voiture au milieu des rues piétonnières bondées. Dans les quartiers traversés, pas de feux de circulation, on double à droite en klaxonnant, à croire que les véhicules sont propulsés au son des klaxons ! Pourtant, malgré le bruit, le charme opère. Cette ville pauvre, démunie de tout superflu, grouille de vie. Pendant que l'équipe népalaise décharge les bagages, nous sommes conduits dans le jardin de l'hôtel où une boisson nous sera servie. L'accueil est chaleureux. Dès le lendemain nous partons visiter le temple hindou de Pashupatinath. Nous assistons à la crémation, un rituel immuable ; le cadavre est recouvert de guirlandes mortuaires, d'œillets d'Inde de couleur orangée.

Devant, les hommes de la famille sont présents, le fils aîné du défunt descend à la rivière sacrée et asperge le corps, puis il met le feu au bûcher en tournant cinq fois autour. Nous visitons également le temple de Swayambunath et de Bhaktapur, à dix kilomètres du centre-ville, qui a gardé son aspect moyenâgeux avec de splendides sculptures de bois sur les façades des maisons. Nous irons voir le Stupa de Bodnath, une structure architecturale bouddhiste. C'est le plus grand stupa du Népal dont les quatre paires d'yeux regardent les quatre directions. En début de matinée, c'est le décollage de Katmandou pour Lukla, à 2 860 m, avec une vue magnifique sur l'Himalaya.

Les petits avions volent à vue et ne peuvent décoller que dans de bonnes conditions météo. L'atterrissage se fait sur une piste inclinée à 12% ce qui facilitera le décollage au retour. Notre guide, Ngawang, nous accompagne depuis notre arrivée. Il nous présente l'équipe des dix sherpas qui feront partie de notre expédition. Je fais connaissance d'Odette, une bisontine. Il faut venir jusqu'au Népal pour se rencontrer ! Dans ce pays, le portage fait partie de la vie quotidienne ; il est pratiqué dès le plus jeune âge, que ce soient les provisions pour alimenter les villageois, les matériaux de construction ou encore les récoltes acheminées à dos d'homme pour leurs besoins personnels en dehors de la saison de trekking. Les Népalais portent souvent soixante à quatre-vingts kilos sur leur dos.

Nos sherpas viennent de Khumbu, au pied de l'Everest et le salaire gagné pendant la saison profite à toute la famille. Pendant les longs mois d'inactivité touristique. Le petit village de Lukla est en effervescence.

Des alpinistes arrivent, d'autres repartent, des touristes trekkeurs du monde entier se croisent dans les petites ruelles étroites. C'est le point de passage pour tous les aventuriers. Après le rituel du thé Népalais en guise de bienvenue, les bagages sont répartis entre tous les sherpas. C'est le « sirdar » qui gère ces hommes, toujours en relation avec Ngawang. Tout ce petit monde se met en route et déjà les premiers moulins à prières sont actionnés par les sherpas de la main droite. Nous ferons de même. Ils sont constitués d'un cylindre rempli de mantras. Pour eux, actionner un moulin a la même valeur spirituelle que de réciter des mantras. Je fais équipe avec Sylvain avec qui je partage les hébergements dans les lodges.

Il est parisien et s'est inscrit, comme moi, sur ce trek. Passionné par la photo, il prend des centaines de clichés. L'aventure que nous partageons, nommée ***« La Haute Route de l'Everest »*** nous permet de découvrir l'ensemble du pays et de parcourir toutes les vallées du Khumbu. Le premier sommet, le Kusum Kanguru, à plus de 6 000 m s'offre à nos yeux ! La pureté du ciel bleu fait scintiller son sommet enneigé, une pure merveille !

Parvenus à Namche-Bazar, à 3 440 m, nous passons une journée tranquille, ce qui nous permet une bonne acclimatation. Des caravanes de yacks chargés de matériel montent d'un pas lancinant, suivies des sherpas transportant l'alimentation pour nourrir tous ces randonneurs venus découvrir ces magnifiques paysages. Certains acheminent de la viande de chèvre ; une ouverture entre deux côtes de l'animal sert de poignée pour porter ce produit qu'ils proposent tout au long de leur chemin ! Certains sherpas transportent des volumes impressionnants, des fenêtres, des portes, des poutres, c'est leur gagne-pain. Je reste admiratif devant cette volonté et cette énergie qu'ils déploient.

Pauline, la Savoyarde arrivée la dernière, laisse apparaître les premiers signes de fatigue. Le froid, le décalage horaire, l'altitude et le manque d'oxygène la font souffrir. Nous nous trouvons alors sur les hauteurs de Namche-Bazar où se trouve un dispensaire. Un médecin l'examine et lui prescrit un traitement antibiotique. Notre marche est rythmée par de nombreuses manifestations de la vie religieuse : moulins à prières, drapeaux multicolores, monastères. Nous rencontrons la population népalaise : paysans, écoliers, moines qui empruntent notre itinéraire.

Celui-ci nous emmène jusqu'au dernier village habité depuis des siècles. Nous visitons le petit musée sherpa, un superbe diaporama nous donne un avant-goût de ce qui nous attend. Tous les matins nous sommes réveillés au chant du coq. Mon ami Rudolphe qui dit : « C'est notre Franc-comtois Gabriel qui l'a apporté avec lui, je l'ai vu ! ». Nous montons plusieurs fois à 4 000 m et redescendons dans les vallées. Ces allées et venues permettent à notre corps de s'acclimater progressivement à l'altitude. Lors de notre première montée, nous découvrons un magnifique point de vue sur l'Everest, le Lost et l'Ama-Dablam, trois sommets majestueux. Avec son super appareil photo, Sylvain mitraille à tout va. Depuis la capitale de la montagne Namche-Bazar, nous quittons l'itinéraire classique du trek de l'Everest pour emprunter des chemins menant au Tibet, en direction du très haut Nangpa-La. Les sherpas partent tous les matins de bonne heure et lors des longues ascensions,

nous les dépassons. C'est toujours un moment convivial que nous partageons. Nous sommes en haute montagne, les moyens de communication sont quasiment inexistants ; alors, tous les matins, un sherpa part à la recherche d'un lodge pour mettre à l'abri toute l'équipe, car aucune réservation n'est possible.

Les paysages étagés, d'une grande diversité s'ouvrent devant nous : gorges, villages, belles forêts, solitudes glaciaires et sommets prestigieux, nous sommes au cœur des grands espaces himalayens. Après avoir traversé le torrent Bhote-Koshi sur un pont suspendu où passent même les yacks, un de nos guides accroche un drapeau à prières pour nous protéger durant ce périple. Le chemin monte régulièrement jusqu'au village de Thame. Des coureurs nous dépassent.

« Courir à cette altitude chapeau » dit Rudolphe ! Je ne peux me retenir de partir avec eux sur quelques kilomètres car je viens de rencontrer l'organisateur avec qui je devais partir si j'avais choisi de participer à une course au Népal. Avec ce maître de la montagne, mes amis pensaient déjà ne plus me revoir…

Au passage, nous assistons à la construction d'une maison en pierre, un véritable chantier à l'ancienne. Un grand nombre de personnes participent à la construction ; des tailleurs de pierre façonnent à la demande tous les morceaux nécessaires pour créer des encadrements de fenêtres. Les pierres sont transportées à dos d'homme avec une hotte en bois. Des bûcherons découpent des morceaux de bois avec une longue scie.

L'un d'eux se trouve dans une fosse, il tire sur la lame, l'autre pousse et guide celle-ci. Ce sont nos scieurs de long qu'ont connu nos parents en France ! Ils découpent des poutres et des morceaux pour réaliser des fenêtres. Nous arrivons dans un confortable lodge ; aucun n'est chauffé, les nuits sont très fraîches, mais nous serons agréablement surpris le soir en nous glissant dans un lit avec une couverture chauffante électrique.

L'après-midi nous visitons un monastère situé à quatre-mille mètres ; bien sûr, Rudolphe et moi montons un peu plus haut pour dépasser cette barre. Ce soir-là, le guide et les sherpas feront une démonstration de caisson hyperbare, un bel instrument mais mieux vaut ne pas avoir à s'en servir ! Cet appareil permet une surpression de deux-cent-vingt bars, soit une baisse d'altitude variant de 2 300 à 3 200 m lorsque les sommets sont compris entre 3 500 et 7 000 m.

Nous passons deux jours à Thame pour nous acclimater correctement. Avec un sherpa et Rudolphe, toujours partant, nous montons jusqu'à 4 850 m, la hauteur du Mont-Blanc. Lors de la descente, nous sommes surpris de découvrir des edelweiss à cette altitude.

L'ensemble du groupe s'adapte, Anne-Marie et Odette sont surprenantes de volonté et de courage. Ce soir-là, nous apprécions ces moments de bonheur en nous glissant sous la couette chaude. Au petit matin, nous nous élevons régulièrement sur la rive gauche de la Bhote Khosi, dans les alpages. ***Ce village est connu pour être celui du Yéti, le légendaire homme des neiges !*** On y trouve des pommes de terre délicieuses, tous les produits sont transportés par les sherpas que nous croisons sur tous les sentiers avec d'énormes charges ; certains sont chaussés de simples tongs.

Pour Rudolphe, c'est une étape vraiment difficile car il a une gastro depuis ce matin. Soudain, à la sortie d'un sentier, c'est le choc : le Cho-Oyu, majestueux à huit-mille-deux-cents mètres et d'autres sommets entre six et sept-mille mètres ! Nous sommes alors à Langden à 4 450 m ; il est dix-sept heures, je consulte mon altimètre, il fait huit degrés dans les chambres. Sylvain a froid, je partage avec lui quelques barres de céréales. A vingt heures, il ne fait plus qu'un degré au milieu du lodge où trône un fourneau. Nous nous entassons autour, mais celui-ci ne dégage que très peu de chaleur car il est alimenté par les bouses de yacks que les Népalais font sécher au soleil. Les différentes pièces du lodge sont séparées par de simples bâches. Une journée d'acclimatation est nécessaire avant le passage du Renjo-Pass.

Le lendemain, notre objectif est de gagner de l'altitude jusqu'à 4 900 m puis de redescendre. Le soir, au programme, musiques népalaises ; tout le monde danse, cette ambiance nous réchauffe. Bien acclimatés, nous pouvons aborder la première grosse difficulté du trek, passer le Renjo-Pass à 5 300 m, les pieds dans la neige.

Les sherpas font la trace, c'est un succès pour tout le monde avec une vue incroyable sur le Cho-Oyu à 8 143 m, le Pumari à 7 165 m, le

Lhoste à 8 501 m, le Nupste à 7 861 m, le Nakalu à 8 481 m et l'Everest à 8 848 m.

Ces sommets s'égrènent dans nos têtes comme un mantra répété à l'infini… La descente se fait sur le glacier de Gokyo, avant de rejoindre le lac du même nom et sa gigantesque moraine, sans aucun doute un moment fort de notre expédition, destination Tarnak. Il y a beaucoup de monde et notre ami sherpa a du mal à nous trouver un lodge. Nous prenons le dîner dans la chambre de Monique et Louis, les Lyonnais, ce qui nous permet de nous tenir au chaud. Au dessert, nous nous partageons une tablette de chocolat apportée par Pauline. Sylvain et moi dormons dans le couloir ; la fatigue nous emporte dans un sommeil profond.

Le jour suivant, après cinq heures d'ascension, un sentier nous mène au col de Chola à 5 368 m. Une nouvelle vallée s'ouvre à nous, magnifique récompense de notre effort avec une vue sur l'Ama Dablam à 6 856 m. Nous dormons à 5 000 m ; dormir est un grand mot, avec l'altitude, c'est difficile ! Enfermé dans mon sac de couchage, j'ai l'impression d'étouffer, le manque d'oxygène se fait sentir. Au petit matin, le froid sec nous saisit, le thermomètre affiche –15 °C. Les pieds ont du mal à se réchauffer, deux paires de gants sont nécessaires à cette altitude. Nous gravissons le Kala-Patthar à 5 630 m, un inoubliable belvédère imprenable sur le géant du monde et les principaux sommets environnants.

Nous profitons de la matinée pour gagner le camp de base de l'Everest par un chemin chaotique dans les moraines. On approche le fameux Ice-Falls, véritable cascade de glace pour arriver au camp où nous découvrons le village de tentes. Du point de départ de l'expédition, à l'approche du camp de base de l'Everest, nous aura pris quinze jours de marche ! Au petit matin, passage du Kongma-La à 5 400 m. Rudolphe et moi sommes partis devant pour encourager le groupe. Cocorico ! Le col nous permet encore une vue époustouflante sur le Lhoste, proche de l'Ama Dablam et un superbe lac à nos pieds couronne le tout. Le soir, apéro pour fêter le passage de nos trois cols sous un air de guitare d'un Croate.

Nous entamons notre descente sur le village de Lobuche, camp de base du Kongma-La, cirque exceptionnel au pied de la mythique face sud du Lhoste, encore inviolée à ce jour. Nous retrouvons l'habitat permanent et l'activité agricole au village de Ding-Poche. Nous passons la nuit à Pangboche et, après la visite du monastère, nous assistons à la prière des moines. Le mauvais temps arrive, nous approchons de Namche-Bazar et c'est là que nous retrouvons un lodge confortable. C'est l'occasion de prendre une bonne douche et de filer donner des nouvelles à Sonia, très inquiète.

Le petit coup de fil la rassure. Le mauvais temps a cloué tous les avions au sol. Nous sommes obligés de rester à Pakding au lieu de Lukla car ce village est saturé. Nous en profitons pour faire une petite fête en l'honneur des sherpas toujours disponibles. Pour les remercier de leur courage et de leur volonté, nous leur offrons des vêtements chauds, des médicaments et des barres énergétiques. Avec le beau temps revenu, les avions ont repris du service, il y a foule à l'aéroport et c'est le retour à Katmandou en fin de matinée. A l'hôtel, tout le monde opte pour le buffet qui offre un grand choix de nourriture de qualité, un petit avant-goût de la France !

J'arrive le samedi 8 novembre 2008 à Paris où je suis attendu par mon fils Florent, puis TGV direction Besançon où Sonia m'accueille chaleureusement ! Arrivé à la maison, j'ouvre la porte sous les explosions des bouteilles de champagne ! La famille proche et les amis sont là : Patrick, Ghislaine, César, Corinne, Olivier, Marie-Thérèse, Mickaël, Laurine, Jérôme, Anne-Laure et Franck. Quelle surprise ! Je porte encore mon bonnet népalais… Je m'éclipse discrètement pour faire un brin de toilette ; dans ma tête, je suis encore là-bas… Nous passons une excellente soirée.

Je tousse régulièrement et Sonia est inquiète. Pour la rassurer, je lui dis que tout le monde toussait dans l'avion du retour. Après une bonne nuit réparatrice, nous allons ce dimanche en randonnée au château de Montfaucon.

Le lundi, je consulte mon médecin qui me prescrit des antibiotiques. La reprise de mon travail est prévue le mercredi 12 novembre. Le lundi 10, vers 22 h, je commence à vomir de plus en plus sans m'arrêter. A 23 h, Sonia décide d'appeler les urgences. Une ambulance me prend en charge et se dirige vers l'hôpital de Besançon.

Sonia dira : ***« A partir de ce moment-là, le ciel me tombe sur la tête ! L'horreur, la détresse, le malheur, la douleur, tout simplement la peur de le perdre… ».***

Catastrophe

Je me souviens de mon arrivée à l'hôpital de BESANCON le 10 novembre 2008 vers 23 heures 45, avec deux jours d'avance puisque la reprise de mon travail au CHU de Besançon qui m'emploie, était prévue théoriquement le 12 à huit heures ! J'ai du mal à respirer, le médecin me demande de me détendre, j'ai l'impression que ma cage thoracique se referme et je l'entoure de mes bras. Les médecins ne comprennent pas, ils sont même un peu agressifs envers moi ; ils ne peuvent pas m'ausculter. Je me plains pour la première fois, je leur demande de m'aider, je ne peux plus respirer et puis…. plus rien !

Je me réveillerai en 2009, suite aux deux périodes où j'étais dans le coma. J'ai vraiment eu la sensation d'un arrêt et que ma vie a été suspendue. C'est Sonia qui prend le relais, lourde charge ! Elle sera mon interlocuteur à travers la pensée, une force, une énergie, une volonté pour faire face à toutes les décisions, les engagements et les choix à prendre face à cette médecine pas toujours objective. Elle me raconte encore, lorsqu'elle me parlait en réanimation, après plusieurs jours de coma, que tous les médecins n'y croyaient plus. Elle seule gardait l'espoir, elle continuait de me parler. J'avais des réactions, mes lèvres bougeaient comme si je voulais répondre. Surpris, les médecins lui demandent de continuer, tous les états de coma sont différents et tant qu'il y a de la vie, il y a de l'espoir ! Merci Sonia d'avoir cru en moi, sinon je ne serais plus là pour écrire cette histoire.

Je reprends les paroles de Sonia : ***L'année 2008 était l'année de tous les bonheurs. Le 20 mars, Léane vient agrandir notre petite famille ; c'est notre printemps, une merveilleuse petite fille ! Un immense bonheur, nous sommes les grands-parents les plus heureux au monde. Je me suis engagée dans une formation d'assistante dentaire, j'ai obtenu mon diplôme l'année de mes cinquante ans, c'est beaucoup d'émotions, donc, comme je vous l'ai déjà dit, l'année de tous les bonheurs, ensuite vient son départ pour le Népal. Le temps se dégrade sur Montfaucon et les*** *environs, la pluie toute la journée, un peu le cafard, mais surmontable, je n'ai pas le choix, il l'a décidé. Le Népal est un grand projet de très longue date. A son retour, après une excellente soirée partagée entre la famille et les amis, il ne reste qu'une toux un peu agaçante, mais rien d'inquiétant. En règle générale, toutes les personnes qui passent à Katmandou reviennent avec un petit souci au niveau des bronches dû à la pollution.*

Lundi 10 novembre 2008 vers vingt-deux heures, Gabriel commence à vomir de plus en plus sans jamais s'arrêter ; vers vingt-trois heures, je décide d'appeler les urgences, donc le 15. Une ambulance vient le prendre en charge et se dirige à l'hôpital. A partir de ce moment là, le ciel nous tombe sur la tête : l'horreur, la détresse, le malheur, la douleur, tout simplement la peur de le perdre ; j'ai la conviction qu'il n'y a pas de bonheur sans malheur, ce serait trop beau, dommage ! Mardi 11 novembre 2008, il est en réanimation à l'hôpital Jean Minjoz de Besançon. Une détresse respiratoire aiguë, je ne sais pas ce que c'est, maintenant je peux vous en parler : coma, l'organisme s'arrête. Les reins, le cœur fonctionnent à 20 %, les poumons, etc... Il a besoin d'une assistance 24 h /24. Le bruit des machines, les allées et venues du personnel médical sont fatigants. Le diagnostic des médecins est très dur : il va mourir, il n'a aucune chance de s'en sortir ; il faut prévenir les enfants, la famille, c'est urgent demain il sera trop tard. Lui, il est paisiblement couché dans son lit, comme s'il dormait. Nous n'y croyons pas, mais non, ce n'est pas possible, hier il allait bien ! Nous voilà tous réunis autour de lui, les yeux mouillés, la tristesse, la peur au ventre, nous savons tous qu'il se bat, il ne peut pas nous quitter comme cela. Nous sommes tous avec toi, accroche-toi ! Là c'est la chute aux enfers. Que faire ? Se renseigner auprès de l'agence de voyages, contacter les sherpas à Katmandou : pensant qu'il a attrapé une maladie et que d'autres participants à l'expédition pourraient être touchés, voilà ma réaction. Il faut que je reste active, sinon je vais m'écrouler.

Donc toutes ces démarches n'ont servi à rien. Gabriel a fait ce malaise qui aurait pu lui être fatal, tout simplement parce qu'il avait une tumeur à une glande surrénale depuis certainement très longtemps mais que l'on ne pouvait pas détecter par un simple examen de routine ; tout cela a été diagnostiqué par la suite, puisqu'au mois d'avril 2009 il a subi l'ablation de cette fameuse glande surrénale.

Durant ce tragique passage en réanimation et en soins intensifs où je suis bien entouré par la partie médicale : infirmières, médecins, employées, Sonia sera là !

Du 10 au 18 novembre, toujours aucun espoir. Mais quand même une petite étincelle dans les yeux des soignants. Une grande décision a été prise, transfert à Lyon à l'hôpital Louis Pradel par la route, car l'hélicoptère est trop petit en volume pour pouvoir transporter toutes les machines qui le tiennent en vie. Une nouvelle difficulté : va-t-il supporter le voyage ? OUF, il a survécu au transfert ! Encore une étape de passée (Cœur, poumons, reins, foie souffraient).

Une longue et difficile période... Pour pouvoir garder mon emploi, je travaille environ un jour sur deux. Je prends la route le matin pour rentrer le soir très tard, mais jamais seule. Mes enfants m'accompagnent la plupart du temps, sans oublier Pascal, notre ami, Patrick, Marian et Ilma, Marie-Thérèse, Olivier, Marie-Agnès, Guy, César, Corinne, et même ma maman qui a insisté pour venir le voir à Lyon. Il a été très bien entouré, tout cela a créé une force en nous tous. Lorsque je me trouve seule à la maison le soir, j'ai l'impression que je rentre dans une grotte, comme une bête blessée... Oui, je le dis aujourd'hui pour la première fois, je me suis posé la question... Que faut-il que je fasse ? M'en aller très loin, disparaître, vivre une autre vie, car cette vie je n'en veux pas... Ou je reste et j'assume jusqu'au bout...

Mon cœur a parlé... Tu n'as pas le droit de baisser les bras. Donc, à partir de ce moment-là, j'ai foncé, toujours devant. Bien sûr que c'était dur, j'y ai laissé quelques plumes, mais pour une bonne cause.

Du 18 au 26 novembre, Gabriel est toujours en réanimation à Lyon-Sud. Le 26 novembre au soir, alors que je m'apprête à partir à Lyon, je suis informée qu'il va être transféré à Besançon. Leur décision est prise, il faut l'amputer de la jambe droite infectée suite à la pose d'un cathéter. Il va se rapprocher de la famille ; je retrouve le moral, je suis joyeuse de le voir revenir presque à la maison. Ce jeudi 27 novembre 2008, je prends mon courage à deux mains et je vais chez mon coiffeur pour me faire belle pour lui, comme s'il rentrait d'un long voyage. Il fait très beau, un ciel bleu, un soleil éclatant, mais à Lyon c'est tout autre chose : le froid, le givre, résultat, le transfert est différé ! J'attends en vain sans réellement savoir ce qu'il se passe. A l'hôpital de Besançon, sa chambre est prête, il est attendu, ses collègues de travail ont vu un hélicoptère dans le ciel : « C'est Gabriel, il arrive » !

Le mauvais temps ne permettra jamais son transfert ; une triste journée dans l'attente sans jamais le voir. Il est véhiculé à l'hôpital Pierre Bénite, toujours à Lyon, pour y subir l'amputation. Le samedi 29 novembre, mon frère et ma belle-sœur qui m'ont toujours soutenue, m'ont accompagnée à Lyon. Je reste deux jours avec eux ; nous passons la soirée chez Hélène et Alain, des amis de mon frère.

La semaine d'après, je me souviens, un matin je reçois un appel de l'hôpital Pierre Bénite. J'écoute et là on me demande de me rendre à Lyon dans la journée, car le chirurgien et toute son équipe veulent s'entretenir avec moi. Cela semble urgent, mon rendez-vous est pris pour dix-huit heures le même jour. Je me doute bien de quoi il s'agit. « Amputation » ! Ce mot me résonne dans les oreilles avec beaucoup de douleur. Mickaël et Laurine m'ont accompagnée et Jérôme nous a rejoints à Lyon. Les kilomètres défilent mais j'ai l'impression que nous n'allons jamais arriver et en plus, des bouchons sur la route. Non, cela suffit, trop c'est trop ! Dans la chambre, Gabriel est dans un autre monde, il paraît « hors sujet », les traitements sont tellement puissants qu'il est complètement « zen ». De là, on vient me chercher, l'équipe m'attend. En quelques mots tout a été dit, l'amputation doit se faire en toute urgence, le temps est compté. Ma question, que dois-je vous répondre ? Oui ou non... Il faut le faire, nous n'avons aucune autre issue me dit le chirurgien. Je ne sais plus si j'ai dit oui ou non, tout ce que je me rappelle c'est que j'ai fondu en larmes ; l'horreur, ça y est ! Je sais aussi que l'amputation va le sauver, car une gangrène, ça tue...

Le 3 décembre, c'est l'amputation. Seul dans son calvaire, il ne se rend compte de rien car il est semi-comateux.

Le jeudi 4 décembre, je me rends à son chevet accompagnée de Patrick notre ami. Quelle tristesse, il ne lui reste qu'une seule jambe, ça fait un grand choc !

Du vendredi 5 au dimanche 7 décembre, je suis restée à Lyon en compagnie de mes enfants, mes belles-filles, ma belle-sœur et mon beau-frère. Je remercie Dieu d'avoir été bien entourée, seule je n'aurais pas pu tout supporter.

Gabriel, mon mari, souffrait d'une détresse respiratoire ; on en meurt au bout de quarante-huit heures. Lui qui a un corps de sportif, qui ne fait pas d'excès, a eu la force et la volonté de se battre. Mais c'est aussi parce que nous tous étions toujours présents à son chevet, nous lui parlions. A chaque transfert, nous décorions sa chambre avec ses photos, nous lui faisions écouter sa musique préférée. Croyez-moi, cela compte beaucoup ! En tous les cas, c'est mon sentiment personnel, une personne qui nous est chère et, en plus, hospitalisée, il ne faut jamais la laisser seule !

C'est vrai que j'ai vécu une période très difficile, presque insurmontable et pourtant tout se finit bien : il est là, en pleine forme. Vous me direz : il lui manque une jambe ! Oui, bien sûr, mais parfois il faut savoir faire avec ce qu'il nous reste et on peut toujours être heureux : l'amour, le soutien, l'écoute sont la meilleure thérapie.

Je ne me souviens pratiquement de rien, si ce n'est que j'ai très soif et je ne suis pas autorisé à boire à cause de mes traitements. Je veux parler à Sonia, mais elle ne me comprend pas. Elle a bien essayé de me faire écrire, mais je n'ai pas réussi à griffonner une seule lettre. A l'hôpital de Lyon-Sud où je viens d'être transféré pour l'amputation de ma jambe droite, les médecins me rendent visite pour m'expliquer la situation et le déroulement de l'opération. Ils sont sympathiques avec moi. Suite à mes vingt-cinq jours de coma et avec tous les traitements que j'ai eus, je ne suis pas à l'écoute ; je dirais même, j'ai l'impression qu'on me raconte une histoire et pourtant c'est la réalité.

Ils vont me couper la jambe ! Pas moi, l'aventurier, le coureur à pied, le voyageur, ce n'est pas possible ! Je n'ai pas la force de me sauver, c'est le prix à payer ! Pourquoi ? Qu'ai-je donc fait pour mériter une telle sentence ?

Je me réveille à l'hôpital de la Croix-Rousse à Lyon. Par téléphone, Laurent Jeunet, chirurgien à l'hôpital de Besançon, me contacte pour me faire transférer dans son service de chirurgie polyvalente afin de me rapprocher de ma famille. Une invitation à passer les fêtes de fin d'année en Franche-Comté, un premier retour aux sources. Mes collègues de travail, Patrick, Christian, Jacky, Henry, Vincent, Yvelise, Marie-France, Didier, Fabrice et Gilles viennent me rendre visite à tour de rôle. Curieusement, je ne ressens aucune douleur. Ma sœur Marie-Thérèse fait intervenir un guérisseur pour éviter les douleurs fantômes dues à « l'absence d'un membre », bien connues des amputés.

Le 2 janvier 2009, après cinquante-trois jours de ma vie passés dans quatre hôpitaux, je sors avec ma jambe droite en moins dans un fauteuil roulant. Le héros est KO !

Dès mon retour, je demande à Sonia de faire le tour du village, peut-être à la recherche de repères d'oxygène. Elle m'avouera qu'elle a eu du mal en poussant le fauteuil, les yeux pleins de larmes.

Je pense à mes expéditions avec Quentin mon neveu que je ne pourrai plus organiser !

Je suis maintenant un homme différent ; je vais devoir affronter en permanence le regard des autres...

Est-ce que celle qui m'a aimé jusqu'à présent restera à mes côtés ?

Je suis seul ce samedi devant un match de rugby, lorsque je vois tous ces sportifs en pleine action, je me pose la question suivante : mais qu'ont-ils fait de ma jambe ? J'imagine le pire, qu'elle traîne quelque part. Lorsque Sonia arrive, elle me trouve complètement désemparé. Je lui explique ce qu'il m'arrive. Elle trouve encore les mots pour me rassurer et m'explique que ma jambe a été incinérée ; je suis soulagé.

Le pot de terre contre le pot de fer

Ma lutte contre l'administration pour obtenir réparation.

Rappel des faits : ce que je renouvelle dans tous mes courriers face à la justice. Agé de cinquante-et-un ans, sportif de fond aguerri, j'ai effectué un trekking en Himalaya fin novembre 2008. Quelques jours après mon retour, j'ai présenté une grave détresse cardio-respiratoire qui a justifié mon hospitalisation d'urgence au CHU de Besançon où une myocardite aiguë a été diagnostiquée, justifiant la mise en route d'une assistance cardio-respiratoire par ECMO (Extra-Corporel-Membrane-Oxygenation). Effectivement, à mon retour, j'étais fatigué mais, en aucun cas, je ne suis revenu les pieds gelés ; pour preuve, deux jours plus tard, je partais en randonnée !

Très rapidement, une ischémie du membre inférieur droit survient, nécessitant une tentative de désobstruction qui échoue, puis nécrose du membre imposant une amputation à mi-cuisse début décembre 2008 alors que j'avais été transféré au CHU de Lyon compte-tenu de la gravité de ma défaillance cardiaque.

Une infection fongique à Absidia Corymbifera est alors diagnostiquée sur des prélèvements artériels au niveau du membre amputé, un traitement antifongique est alors mis en place.

Rapatrié au CHU de Besançon par la suite, on y effectue alors divers examens qui permettent de découvrir que j'étais porteur d'une tumeur surrénale (phéochromocytome), qui sera opérée quelques mois plus tard, en Avril 2009.

Pour les équipes médicales du CHU de Besançon qui m'ont pris en charge depuis mon retour de Lyon, le Docteur Jeunet, (Service de Chirurgie Orthopédique), le Docteur Shillo (Service d'Endocrinologie), le Docteur Mathieu (Service de Chirurgie Digestive et Endocrinienne), il n'y a pas de doute sur le fait que la myocardite aiguë avec défaillance cardio-respiratoire que j'ai présentée initialement était liée à la présence de ce phéochromocytome, raison pour laquelle les médecins m'ont proposé une exérèse rapide de cette tumeur alors que je me remettais à peine de mes semaines de réanimation.

Porteur de lourdes séquelles qui m'handicapent définitivement et nécessitent d'importantes modifications de mon mode de vie, j'ai souhaité saisir la Commission Régionale de Conciliation et d'Indemnisation des Accidents Médicaux (CRCI) de Franche-Comté, afin de comprendre toute la chaine d'événements qui m'ont amené à cette situation et savoir si l'amputation pouvait avoir une cause nosocomiale.

Je demande des dossiers médicaux dans les quatre centres hospitaliers où j'ai séjourné : Besançon et les trois hôpitaux de Lyon : Louis Pradel, Lyon-Sud et l'hôpital de la Croix-Rousse. Je veux comprendre ce qui s'est passé suite à mon hospitalisation du 10 novembre 2008 au 2 janvier 2009, dont je suis sorti avec une jambe en moins. Avec Sonia et les enfants, nous décidons, le 26 octobre 2009, de saisir la commission régionale de conciliation et d'indemnisation des accidents médicaux. Le CRCI de Nancy désigne deux experts, le docteur André Rousset et le professeur Michel David qui me convoquent à l'hôpital de Dijon le 9 mars 2010 pour procéder aux opérations d'expertise. Je suis dans le doute, c'est la première fois que je vais subir ce genre d'examen qui est capital pour la suite de mes procédures, que va t'il se passer ? Arrivés sur place avec Sonia nous découvrons la salle ou quelques personnes ont déjà pris place, les tables sont mises de façon à ne croiser le regard de personne, les experts prennent place ; c'est le professeur David qui prend la parole sous son air grisonnant avec l'habitude de ce genre de chose ; les questions les plus intimes me sont posées jusqu'à l'obtention d'une réponse ; il m'impressionne parfois je ne sais même pas quoi répondre mais il faut obligatoirement dire quelque chose, c'est un confessionnal un passage difficile pour moi, je me sens humilié, diminué.

Le rapport sera rendu le 10 mai. Je le reçois le 29 mai. Aussitôt, je signale qu'il manque deux pages ; elles ne me seront jamais envoyées !

Dans un courrier du 1er juin 2010, je dénonce l'expertise. Le germe « la Mucorale type Absidia » retrouvé sur ma jambe droite lors de mon séjour à l'hôpital cardiologique de Lyon et lors de l'amputation est un champignon réputé pour son attirance pour les artères et sa capacité à les boucher. Par ailleurs, dans son expertise, le professeur David reste persuadé que le choc cardiaque que j'ai présenté à mon arrivée au CHU de Besançon était d'origine infectieuse. Je ne suis pas d'accord sur le fait qu'il me convoque le 9 juin 2010, ce qui ne me laisse que neuf jours pour préparer ma défense. Tout ceci, je l'exposerai le 9 juin, jour où je leur demande une nouvelle expertise. Aucune décision n'est prise le jour même, je dois attendre. Un mois plus tard, le courrier arrive, le Président s'exprime en ces termes :

« Considérant qu'il résulte du rapport d'expertise et des débats de la commission, que la pathologie de Monsieur Mairot reste non identifiée, considérant que les demandes de Monsieur Mairot ne sont pas fondées et doivent être ainsi rejetées ». J'apprendrai plus tard par une des personnes qui siège en tant que représentante des usagers à cette commission, qu'après moi, une expertise sera demandée sur un dossier qui n'était pas fondé. Je me suis dit : « te voilà parti dans un combat juridique qui ne fait que commencer » !

Quelques jours plus tard, je trouve un gros colis devant ma porte. Il s'agit de l'ensemble de mon dossier d'expertise médicale. Pour eux c'est terminé ! Je suis complètement désemparé, les conclusions hâtives et floues des experts désignés, le rejet de ma requête par la CRCI et l'impossibilité pour moi d'avoir pu organiser ma défense en l'absence d'une partie des conclusions des experts me contraignent donc à saisir le tribunal administratif et à solliciter la désignation d'un expert spécialisé sur le problème des infections à Absidia Corymbifera.

Par requête en date du 26 août 2010, je saisis le tribunal et je sollicite, à titre principal, la condamnation du CHU de Besançon à réparer le préjudice subi consécutivement à mon amputation et pour une demande d'expertise, laquelle a été rejetée par ordonnance en date du 22 décembre 2010.

Je dois rester calme, faire avancer les dossiers. Toutes les semaines, ce sont de nouveaux courriers qui arrivent et tous les documents sont photocopiés en six exemplaires. J'ai l'impression qu'il manque toujours une pièce ! Je m'informe sur toute la partie médicale qui reste très compliquée. Heureusement que mon chirurgien, Laurent Jeunet, me soutient ! Ses conseils sont très précieux. J'ai accepté la situation actuelle, c'est-à-dire vivre avec une jambe en moins. Plus rien, plus personne ne peut faire quelque chose. **Je pourrais en vouloir à la terre entière, cela ne changerait rien, j'ai compris que tout dépendra de moi, de ma volonté à affronter la vie, de me battre au quotidien,** mais ce que je n'accepte pas, c'est d'être obligé de faire toutes ces démarches, de me justifier, de remplir une quantité monstrueuse de documents ! Combien de personnes dans mon cas arrêteront en cours de route, faute de soutien ! Notre situation physique n'est déjà pas simple à gérer et il faut se confronter à toute la partie administrative qui, bien sûr, ne fait pas dans la demi-mesure.

Dossiers, CRCI, expertise, tribunal administratif, avocat, c'est sans fin et financièrement il faut assumer. Que d'énergie et pour combien de temps encore… De l'énergie, j'en ai besoin tous les jours, car être amputé, c'est devoir supporter une prothèse pour retrouver en partie sa mobilité, mais un moignon qui prend du volume et la transpiration transforment la marche en chemin de croix ! Pour cela, il ne faut pas prendre de poids et avoir une alimentation saine et équilibrée.

J'ai bien compris maintenant que je dois trouver un avocat expert en droit médical. C'est encore le docteur Laurent Jeunet qui se renseigne. Début janvier 2011, je prends rendez-vous avec mon avocat, Madame Suissa, en compagnie de mon chirurgien. Ensemble nous préparons une nouvelle bataille, mon avocat comprend vite la situation : selon elle, il faut absolument obtenir du juge qu'une nouvelle expertise soit réalisée pour éclaircir la situation. C'est la première phase qui n'est pas encore gagnée. Je me sens épaulé et désormais, il va falloir être patient. Un nouveau recours doit être déposé au tribunal administratif. Me voici replongé dans les dossiers avec mon épouse pour préparer toutes les pièces nécessaires à l'instruction. Par l'intermédiaire de mon avocat, nous déposons ce recours avant le 27 juillet 2011. Je suis surpris de découvrir les courriers de la CPAM qui réclament toutes les sommes engagées depuis mon premier jour d'hospitalisation, mais qui, à aucun moment, ne vient à ma rencontre pour me proposer ses services.

Les mois passent, le tribunal nous donne une date de clôture d'instruction : le 27 janvier 2012. Madame Suissa, m'adresse une copie du mémoire présenté par le CHU de Besançon. Ils ne lâchent rien. Ils se sont appuyés sur l'expertise du professeur David. Au tribunal administratif, tout se juge sur dossier, je ne peux même pas intervenir. Le 23 février 2012, après délibération, le tribunal ordonne une nouvelle expertise médicale. Après dix-huit mois de combat, c'est mon avocat qui m'annonce la bonne nouvelle ! Je la remercie. Enfin ils prennent conscience, ils sont dans le doute, moi aussi je veux savoir la vérité, je ne peux plus reculer et je dois aussi régler les factures de l'avocate.

J'attends la convocation à l'expertise qui aura lieu le 16 mai 2012, à Paris, à l'hôpital de la Pitié-Salpêtrière. Dès notre arrivée, mon chirurgien nous rejoint et je suis pris en charge par le docteur Jean-Louis Trouillet et le professeur Pavie. Des représentants de la CPAM et des hôpitaux de Lyon sont également présents. J'ai transmis auparavant l'ensemble de mon dossier médical. Tous les experts et médecins rencontrés lors de cette expertise parisienne ont confirmé que la cause initiale de l'ischémie du membre inférieur droit que j'ai rapidement présentée après mon admission au service des Urgences du CHU, était liée au cathétérisme artériel fémoral droit qui a été mis en place à mon arrivée. Les facteurs favorisants sont le bas débit et la présence d'un cathéter fémoral droit. Sans cette thrombose artérielle fémorale droite, toute la cascade de complications ne serait pas arrivée : Apo névrotomie, surinfection à Absidia, myosite infectieuse, puis amputation haute de la cuisse qui a suivi.

En effet, les experts se sont aussi accordés pour dire que si l'utilisation de la machine ECMO favorisait dans 10 à 12 % des cas des thromboses artérielles, ces dernières survenaient du côté canulé et ne parvenaient qu'exceptionnellement du côté non canulé, à moins qu'un cathéter artériel y ait été implanté, ce qui fut mon cas.

Tous se sont accordés pour me dire qu'il s'agissait d'un « Accident médical sans faute » c'est-à-dire d'un aléa thérapeutique.

Les experts ont conclu :

« Il faut donc admettre qu'il y a eu ici contamination de la plaie durant l'hospitalisation. S'il est impossible de dire le moment précis de cette contamination de la plaie durant l'hospitalisation et le rôle éventuel d'un des gestes de soins, par contre la chronologie plaide en faveur de l'hypothèse d'une contamination lors du séjour à Besançon ».

Dans ce contexte, et au vu des nouveaux éclairages apportés par cette expertise, je souhaite que mon dossier soit réexaminé en vue d'une indemnisation liée aux conséquences graves que je vis à la suite de cet aléa thérapeutique.

Ces deux mémoires continuent de brasser quelques éléments faux, comme l'idée qu'une infection aurait préexisté (les experts la nient).

Le chirurgien Laurent Jeunet qui suit mon combat dira :

« Y-a-t-il eu «aléa thérapeutique» : OUI, l'expertise du docteur Trouillet l'écrit noir sur blanc :

La cause de l'ischémie artérielle DROITE a-t-elle été identifiée ? OUI. L'expertise Trouillet l'explicite parfaitement : c'est la pose d'un cathéter artériel au départ qui a entraîné cela. Certes « le bas débit cardiaque » l'a favorisée, mais ce type de cathéter n'est pas posé à des gens en pleine forme, et tous ne présentent pas de thrombose artérielle. Par ailleurs, l'état antérieur du patient ne peut, en aucune manière, avoir favorisé cette thrombose comme aurait pu l'être un tabagisme ou un diabète. Monsieur Mairot est un sportif accompli qui a un examen cardio-vasculaire NORMAL actuellement (donc encore plus il y a 5 ans).

Les mémoires présentés continuent à mélanger le côté droit et le côté gauche. Le risque d'amputation lié à l'utilisation de la machine ECMO est de 12 % (ce qui est estimé comme fréquent), mais uniquement du côté canulé par la machine ECMO, c'est à dire à GAUCHE. Hors c'est à DROITE que Monsieur Mairot a été amputé.

C'est donc une complication rare et grave sans faute qui correspond à la lettre à la définition de l'aléa thérapeutique comme le disent et l'écrivent les experts Trouillet et Pavie.

Les conséquences de cet aléa sont-elles graves ? OUI. Elles ont été estimées à 45+5 % par l'expertise Trouillet. Monsieur Mairot a perdu un membre inférieur.

Quant au rôle de l'infection nosocomiale, elle a été parfaitement identifiée par l'expertise Trouillet. Elle a aggravé de 5 % le pourcentage des séquelles ».

Docteur Jeunet.

Le CHU de Besançon m'a sauvé la vie en me branchant sur la machine ECMO qui génère le sang mais, de l'autre côté ils m'ont infecté ; c'est normal que vous soyez indemnisé me diront les experts et pour cela il faut à nouveau rejuger votre affaire.

Je peux donc conclure en cette fin d'année 2012 que c'est bien un aléa thérapeutique qui est la cause primaire essentielle, l'ischémie due à la constitution d'un thrombus sur cathéter artériel irriguant la jambe aboutissant à une nécrose de l'extrémité du membre inférieur droit.

Et c'est reparti au tribunal administratif avec une nouvelle date de clôture fixée au 25 mai 2013. Le jugement sera rendu le 24 septembre 2013. Le tribunal décide que ma requête est rejetée, je vais saisir la cour administrative d'appel de Nancy, qui me donne un délai de dix mois avant d'être jugé.

La Rééducation

Le 5 janvier 2009, je prends un nouveau départ. Cette fois-ci, c'est une toute nouvelle aventure que je dois subir : dix mois de rééducation au centre de réadaptation de Quingey. Ma sœur Marie-Thérèse sera là ce matin pour m'accompagner. Mes déplacements se font en fauteuil roulant et cela durant trois mois. Je suis complètement affaibli par deux mois d'hospitalisation, aucune force et pas d'équilibre non plus. Je ne peux donc pas me servir de canne anglaise. Je ne retrouverai pas mes collègues de travail de sitôt, je repense à mon expédition au Népal, tous ces merveilleux paysages défilent dans ma tête. J'ai bien imprimé avant ces événements, je n'ai encore rien pu partager avec mes amis.

Combien de temps vais-je rester au centre de rééducation ? C'est la question que je pose à tout le personnel médical que je côtoie sans jamais avoir de réponse. Même après six mois passés entre ces murs, je n'ai aucune information. Après mon admission, je suis reçu par le médecin, Catherine Schmitt. L'après-midi je fais la connaissance de Serge Mérelle, cadre de santé qui est responsable de l'équipe de kinésithérapeutes. Un kiné est attribué à chaque patient ; pour moi c'est Séverine qui me prend en charge ainsi qu'un jeune stagiaire, Simon. Je suis interdit de piscine car mon moignon n'est pas cicatrisé. Je constate que la majorité, disons 97 % des patients, sont âgés. Ils sont ici suite à une opération d'une prothèse de hanche ou du genou, pour quatre à six semaines de rééducation. Je vais en voir passer durant mon séjour. Tous les vendredis soir, un taxi me ramène à la maison pour le week-end. Le retour doit se faire le dimanche en fin d'après-midi ; c'est Sonia qui m'accompagne, j'ai du mal, je n'accepte pas ce retour. Très vite, je retrouve l'énergie dont j'ai besoin. Non, je ne baisse pas les bras, je suis motivé ! J'ai un objectif : me sortir au plus vite de cette mauvaise passe…

Tous les matins et en début d'après-midi, Simon, sous le contrôle de Séverine, me fait travailler le haut du corps et ma jambe pour me

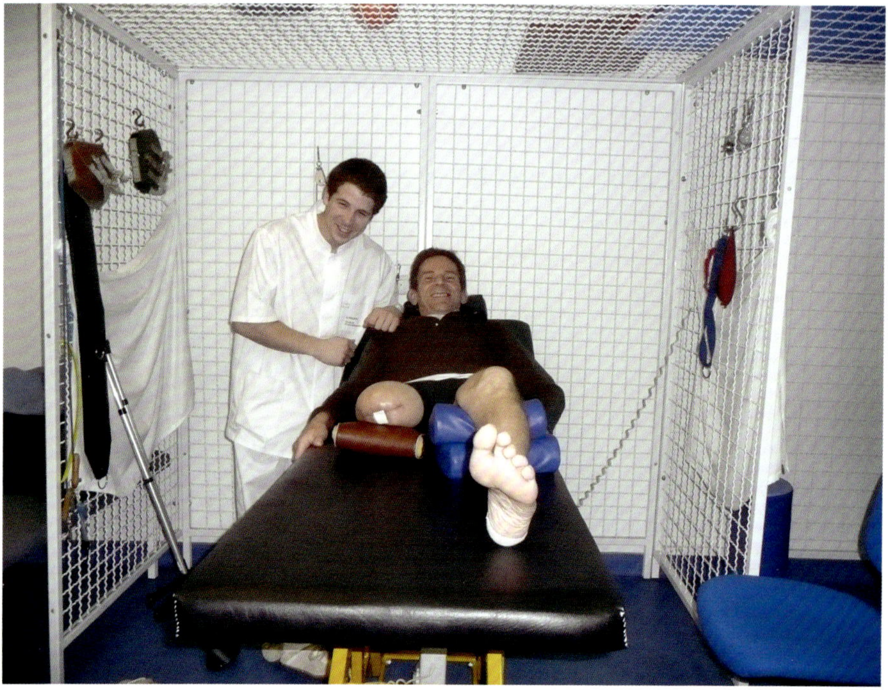

remuscler. Après les soins, je passe mon temps à lire, à écrire et à m'informer sur Internet. Je me renseigne sur les prothèses, sur le matériel. Volontairement, je n'ai pas pris le forfait télévision, je préfère me reconstruire au calme. Durant tout mon séjour, ma famille et mes amis me rendent visite en fin de journée. Avec une jambe, je ne peux plus conduire mon véhicule, je dois donc valider un nouveau permis. Je prends rendez-vous dans une auto-école et, dès le mois de février 2009, tous les samedis, je réapprends à conduire. J'appréhende ma première leçon, j'y vais en fauteuil roulant. Je n'ai pas encore de prothèses, je m'installe dans le véhicule, le moniteur me demande de prendre simplement le volant, de me laisser guider. La voiture démarre, j'ai l'impression de jouer sur une console vidéo. Plus tard, j'utiliserai la pédale de la voiture automatique, c'est plus simple pour moi. Il faut acquérir de nouvelles habitudes, plusieurs séances sont nécessaires avant de valider ma conduite devant un inspecteur.

Aussitôt, je commande une nouvelle voiture qui sera disponible quatre mois plus tard. La cicatrice de mon amputation se referme petit à petit. Je peux enfin rejoindre la piscine du centre afin de travailler davantage et me faire appareiller. C'est Monsieur Decaudin, affilié au centre de rééducation, qui me commande tout le matériel, prend des dizaines de mesures sur mon moignon et ma jambe valide.

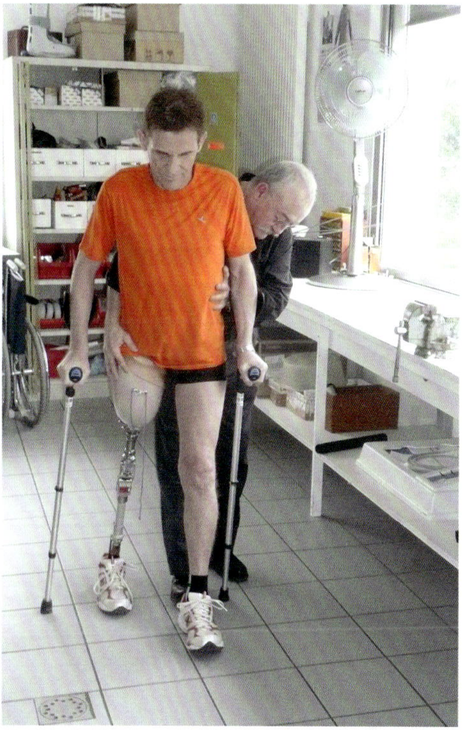

Jeudi 5 mars 2009 à dix heures, le matériel arrive. Aussitôt appareillé, je déambule dans les couloirs, je ferai des dizaines de kilomètres durant mon séjour. Réapprendre à marcher, trouver un équilibre sont un grand moment d'émotion. Après plus de quatre mois, **je suis un homme debout,** je pense avoir fait un grand pas, les ennuis sont derrière moi.

Mon chirurgien me demande de venir à l'hôpital pour faire des examens car il y a une petite chose que j'avais bien enterrée, surtout ne pas en parler et m'éloigner du corps médical. Me laisseront-ils un jour tranquille ? Je n'ai pas encore assez donné, pourquoi veulent-ils s'acharner sur moi ? Je dois à nouveau subir trois semaines d'hospitalisation du 30 mars au 17 avril. Durant cette période d'examens, je déambule dans les couloirs, cette fois-ci à l'hôpital Minjoz. J'utilise tout mon temps libre pour marcher. Je finis cloué au lit pour l'opération d'un phéochromocytome, une tumeur bénigne ou maligne des glandes surrénales. Elles sont au nombre de deux, situées au sommet des reins et sont chargées de produire un grand nombre d'hormones.

Ensuite, je rejoins ma chambre au centre de rééducation, sachant que je ne quitterai pas cet endroit de sitôt… Par la fenêtre, j'observe le paysage qui a bien changé ; c'est le printemps, les arbres sont couverts de leurs habits de lumière. Le 15 mai, je passe à l'étape suivante: dernier jour d'hospitalisation à Quingey. Je passe en hôpital de jour, je viens seulement pour la journée au centre et, le soir, un taxi me dépose chez moi. Je retrouve un sens à la vie…

Ce week-end, ma sœur Marie-Thérèse fête ses cinquante ans dans une ferme en pleine nature. Je prépare mes affaires et je suis traversé par un immense bonheur qui ne dure pas longtemps. Dans la précipitation, je butte dans le lit, je pars en avant, j'atterris dans le mur et je retombe lourdement en arrière. Ma prothèse se casse, j'éclate de rire en disant : « J'ai cassé ma guibole » ! Je n'ai pas mal ; mince, mon week-end, mon départ, le doute s'installe, que dois-je faire ? Vite prévenir mon « Guibologue ». Je lui explique la situation, il travaille d'arrache-pied pour faire une « Emboiture ». Le soir, le taxi me dépose chez lui et, après quelques réglages, je récupère enfin la prothèse. Sonia vient me chercher et nous arrivons à la maison. Dans l'euphorie, j'ai posé mes béquilles à côté de sa voiture. Avant de monter dans sa voiture, Sonia oublie de les mettre dans le coffre. Impossible de sortir du véhicule ! Heureusement, Mickaël nous sort de cette mauvaise passe.

Les jours défilent… Maintenant, je rentre tous les soirs en taxi jusqu'au 10 juin, date à laquelle je vais chercher ma voiture au garage. Aussitôt au volant, la liberté ! Toutes ces étapes me permettent de me reconstruire, je retrouve une certaine liberté, je suis autonome, je me déplace librement sans la contrainte et je vais donc pouvoir aller au centre avec ma propre voiture ! Plus besoin d'attendre le taxi le soir. Cependant, j'ai l'impression que ma rééducation stagne ; pourtant je fais des efforts, de la musculation, mais je ne parviens toujours pas à marcher sans mes béquilles.

C'est décidé, je vais en parler à Vincent, mon kiné, à Besançon qui s'occupait de moi lorsque je courais. Il me propose deux séances par semaine en plus de la rééducation au centre. J'accepte tout de suite. Je suis à nouveau convoqué au CHU dans le service du professeur Mathieu pour connaître mes résultats, suite à l'opération du mois d'avril. Je passe en revue toutes les interprétations. Et si j'avais un cancer ? Je ne suis pas fier… Le professeur, dérangé par une urgence, me fait attendre trois heures ! Très impatient, je déambule dans les couloirs… Mon angoisse se transforme en grand bonheur lorsqu'il m'annonce que ce n'est pas cancéreux ! Je n'ai donc plus rien, je suis guéri ! Pas un seul médicament à prendre ! Je vais donc me battre davantage ; les vacances d'été arrivent, je vais chercher un autre centre de rééducation mais je ne trouve pas. Elise, une jeune kinésithérapeute, s'est installée dans mon village. Je vais la voir et nous programmons une dizaine de séances supplémentaires ; plus tard c'est Loïc qui me prendra en charge.

Au centre de rééducation, les papis et les mamies se plaignent car ils sont là depuis trois ou quatre semaines. Je les calme vite en leur disant que je suis là depuis huit mois ! Je me déplace maintenant sans béquilles, mon esprit de compétiteur revient. Sonia me surprend à la maison sur notre balcon de quinze mètres en train de me chronométrer. Je lui dis : « Je suis les progrès de ma prothèse, ce n'est qu'un morceau de ferraille » ! Sans sécurité, mes chutes sont nombreuses, j'en ai marre ! Je me suis documenté et j'ai lu dans des revues qu'il existe des prothèses électroniques. J'en parle à mes soigneurs. En fait, il faut passer des tests pour les obtenir, c'est-à-dire marcher à quatre kilomètres à l'heure, descendre des escaliers, des plans inclinés. Grâce à l'intervention de mes éducateurs, je ne passe pas de tests et la nouvelle prothèse me sera attribuée en septembre. Mes collègues de travail me rendent régulièrement visite et c'est très réconfortant pour moi.

Chantal Hugel que nous connaissions, Sonia et moi, me rend visite. Elle a toujours dit, dès sa retraite, qu'elle reprendrait une formation « Somato-Psychopédagogie, méthode Danis Bois » et qu'elle viendrait en aide à sa famille et à ses amis. C'est un moment particulier, elle me redonne force et énergie ; par la suite je la rencontre une vingtaine de fois, ce sont toutes ces petites choses qui m'aident à me reconstruire : mes voisins Germain et Nicolas viennent tondre la pelouse, Thomas au jardin, Jean Marie qui m'accueille le vendredi à mon retour de rééducation et surtout je ne veux pas oublier notre petit voisin, Antoine qui, tous les hivers, même encore aujourd'hui vient donner des coups de pelle dans la neige pour faire notre chemin. Tout ça pour moi c'est une richesse de vie, aider les autres, c'est s'aider soi-même.

Mes amis Isabelle et Rudolphe ont été très touchés par ce qui m'est arrivé. Ils me donnent l'adresse de Nathalie et Pascal. Nathalie travaille dans la même société qu'Isabelle et son mari a été victime d'un accident de moto. Amputé comme moi, il marche avec une prothèse électronique « C. Leg ». Après avoir pris contact avec lui, je suis rapidement rassuré sur toutes les questions que je me pose au sujet de ma prothèse et, en juin 2009, nous lui rendons visite à Taninges en Savoie. Il habite un chalet qu'il a fait construire sur un terrain plat suite à son accident et nous passons un bon moment en leur compagnie. Ils me racontent quelques anecdotes. Un jour d'hiver, il part faire des courses, glisse sur une plaque de verglas, sa jambe se déboîte à la grande surprise des badauds ! Une autre fois, lors d'une randonnée, sa jambe reste collée dans un trou de boue. Des randonneurs sont très surpris de voir l'horrible position dans laquelle se trouve Pascal. Aussitôt, ils viennent à son secours mais Pascal les rassure en leur expliquant ce qui lui est arrivé. Je retrouverai Nathalie et Pascal, trois ans plus tard, sur les pistes de ski à Samoëns.

Le 5 juillet 2009, c'est mon anniversaire, il sera différent de tous les autres ; d'une part j'ai demandé à Sonia de ne rien prévoir car habituellement elle me prépare une escapade toujours surprenante. Mais là je n'ai pas le cœur à fêter cet évènement, en plus je me déplace difficilement. La matinée se déroule normalement, quelques appels pour me souhaiter mon anniversaire, rien de particulier. Sonia me demande de m'habiller, il est douze heures. Une demie heure plus tard, la sonnette retentit ; Sonia me demande d'ouvrir et là je découvre toute la famille, les bras chargés, les premiers avec les entrées, suivent le plat de résistance, les bouteilles de bon vin, le fromage et le dessert. Aussitôt les tables sont installées sur la terrasse ; vingt minutes après, tout ce petit monde se retrouve par magie autour de la table. Je reste sans voix. Sonia aura encore un fois su réunir la famille dans la bonne humeur. Merci mille fois à tous.

A Montfaucon, le samedi, je vais marcher sur un chemin plat pour mettre en application ce que j'ai appris durant la semaine de rééducation. Je me suis fait un petit parcours, je connais le lieu, les points de repère, tous les deux-cents mètres je dois m'arrêter. La prothèse me blesse au niveau des appuis et je mets une demi-heure pour faire un kilomètre. Je sais que je dois répartir mon effort et marcher progressivement pour m'habituer à mon nouveau matériel. Fin septembre 2009, j'ai rendez-vous chez mon prothésiste où je découvre ma nouvelle jambe ! C'est surprenant de la voir ainsi à l'atelier, elle m'attendait ! Je l'ai tant espérée, enfin la voilà prête à me rendre service cette fameuse prothèse électronique « C.Leg ». Elle est fabriquée en Allemagne, maintenant il faut que mon prothésiste la règle ; c'est un nombre incroyable de paramètres qu'il faut renseigner sur un logiciel pour qu'elle fonctionne correctement, ce n'est pas gagné car je n'ai jamais marché avec ce type d'appareil. Je dois la maîtriser pour pouvoir faire les réglages correctement.

Six semaines plus tard, je ne suis pas encore très sûr de moi. On m'annonce que je vais être libre, que je vais sortir du centre de Quingey. La date tant attendue arrive, cela fait dix mois que je pense à ce jour ! Je me pose alors la question : suis-je prêt à partir ? Je n'en suis pas sûr, je suis bien dans ce monde totalement différent du monde extérieur. Comment va se traduire

le regard des autres ? Comment faire pour affronter cette nouvelle vie ? Je suis ici dans un cocon, je n'ai plus envie d'en sortir, je suis trop bien, les gens ici me comprennent, ils sont à l'écoute, nous parlons le même langage. J'ai peur du monde extérieur… Nous sommes le 5 novembre 2009 et j'ai décidé de faire un pot de départ pour remercier tout le personnel en compagnie de Sonia. J'ai improvisé un petit discours, dès mes premières paroles, le téléphone de Sonia retentit : Jérôme, nous annonce la naissance de Mahé. Après cette émotion, je reprends la parole pour remercier tout le personnel soignant ; je leur dis le bonheur ressenti lorsque j'ai pu faire mes premiers pas avec ma prothèse, **le bonheur d'être à nouveau debout, pour moi c'est une renaissance…** Ce moment de convivialité je l'attends depuis dix mois et me voici au pied du mur. Il va falloir prendre mon envol et j'appréhende ce départ. Il me reste une journée, demain, vendredi 6 novembre 2009, les portes du centre de rééducation vont s'ouvrir, c'est un non-retour, un dernier au revoir à l'ensemble du personnel et c'est le retour à la maison. Dans un mois, je reprends le chemin du travail ; en attendant, je vais me préparer pour revenir dans la vie active. Je suis exigeant et ne suis pas satisfait de ma marche.

Rééducation à Berck-sur-mer

J'ai ma nouvelle prothèse depuis peu de temps et je décide de repartir en rééducation, mais cette fois dans un grand centre. J'en parle autour de moi et c'est ma podologue, Agnès Mauvilly, toujours de bon conseil, qui me parle de Berck-Sur-Mer. Je prends contact avec le centre Jacques Calve et la semaine suivante je prends la route du Nord, pour un stage de quinze jours, je resterai trois semaines. Après sept heures de route, je débarque à Berck sur l'esplanade Jacques Calvé. Dès mon arrivée, je suis pris en charge par le médecin, Madame Coterel, qui, d'emblée, diagnostique que ma prothèse est mal adaptée. Je marche mal, rien ne va, elle me donne rendez-vous en début d'après-midi avec les kinésithérapeutes et les prothésistes. En attendant, je visite le centre ; je découvre une immense piscine, un gymnase et différentes salles avec du matériel adapté à tous les patients. A quatorze heures, je rencontre toutes les personnes qui interviendront tout au long de mon séjour.

Ma marche est filmée, le constat tombe : ma prothèse est mal montée, il faut refaire d'urgence mon emboîture ! François, le prothésiste, me prend en charge, direction la salle des plâtres pour faire un moulage de mon moignon. Je suis surpris par cette méthode, mais pour eux c'est la plus fiable. Trois jours plus tard, ma prothèse est refaite, je suis à nouveau filmé et surpris de visionner la vidéo. Le constat est sans appel, maintenant je n'ai plus qu'à travailler. Dès huit heures du matin, je commence par une séance au gymnase, ensuite piscine, kiné et tout cela six heures par jour ! Je donne le maximum pour mettre en application tous les conseils et j'en profite pour faire connaissance avec les autres patients. Partage et entraide sont de mise, les échanges sont sympathiques, nous nous retrouvons en soirée autour d'une bonne table. Le centre est situé à dix mètres de la mer. Dans ce magnifique paysage, ma rééducation ne cesse de progresser. Le week-end, j'en profite pour découvrir la région : le Touquet Plage, le Cap Gris Nez et le Cap Blanc Nez, tout un paysage que je ne connaissais pas.

Je participe à tous les essayages de tous les matériels que l'on me propose, je suis un élément moteur dans le centre, donc toutes les portes s'ouvrent pour moi. Tel un extraterrestre, je me retrouve au centre du mouvement, des capteurs de la tête aux pieds pour étudier ma marche en 3D. J'essaie une lame en carbone pour courir et je vais même faire du chien de traîneau ! Une première pour moi ! Jean-Pierre habite à proximité du centre et vient régulièrement entraîner ses quatorze chiens. Il m'invite à participer à une randonnée. Les puissants Husky tirent une charrette sur le sable à vive allure. Ils se préparent pour la saison hivernale qui débute près de chez moi dans le village des Fourgs en Franche-Comté. Les semaines défilent, ma progression est fulgurante, je reviendrai les trois années suivantes faire un séjour de trois semaines.

Je retrouve mes collègues de travail le 14 décembre 2009. A l'initiative de Fabrice qui m'avait remplacé durant cette année d'absence, je découvre avec émotion des banderoles de bienvenue, c'est très encourageant pour moi. Ma reprise se fait en douceur puisque j'ai droit à une année de mi-temps thérapeutique mais très vite je demande de travailler à 60 % et 75 % car je veux vite revenir à un temps complet dans mes activités professionnelles. Je peux marcher maintenant un peu plus longtemps. C'est au bord du Doubs en famille que je randonne sur un parcours d'une heure et trente minutes. Plus tard, je réaliserai le même parcours en quarante-cinq minutes ; cette progression me motive, mes efforts payent !

Sur les conseils des médecins de Berck, je décide de changer de prothésiste et je m'adresse à la société Rhône Orthopédie de Lyon qui vient d'ouvrir une antenne à Mâcon. Je suis reçu par Pascal Comeau, un grand professionnel qui fabrique ma première emboiture en carbone, avant de me laisser entre les mains de son collaborateur Eddy. En mars 2010, je repars quinze jours en rééducation au centre des Massues de Lyon où je travaille sur d'autres méthodes de rééducation avec Isabelle, ma kinésithérapeute. Je rencontre également mon prothésiste, Pascal, qui est affilié au centre. Avec lui, nous adaptons ma première prothèse pour que je puisse faire du vélo. Le reste de ma jambe après l'amputation étant court, je ne peux pas utiliser ma prothèse électronique car celle-ci se déboîte à chaque coup de pédale. Il faut donc faire un double ancrage sur l'emboîture afin que celle-ci tienne lors du pédalage. Pascal est confiant, il me demande de lui apporter mon vélo lors de ma permission du week-end. La semaine suivante, nous ferons tous les réglages sur un tapis roulant après avoir fixé la bicyclette avec un morceau de bois. Les combines de Pascal paient, il me suffit de trouver mon équilibre, c'est incroyable comme le corps s'adapte à cette nouvelle situation !

Première randonnée

En mai, j'invite ma sœur Marie-Thérèse et son mari Olivier à venir faire ma première randonnée. Je suis heureux de les voir arriver avec Quentin, mon neveu, et c'est avec ma nouvelle voiture adaptée à mon handicap que je les emmène. Arrivés à la frontière suisse, inquiets, ils me demandent où je les conduis. Pour une première ce sera le rocher de Naye, en Suisse, à 2 042 mètres d'altitude.

Me connaissant, ma sœur n'est pas surprise ! Après plusieurs heures d'ascension, la matinée s'achève sur un replat. Je me sens bien, pas de douleur particulière, la pause sera tout de même la bienvenue. Nous nous installons autour d'une table disponible. A côté de nous, des Suisses dégustent une fondue avec tout le matériel transporté à dos d'homme. Ils viennent me féliciter et me souhaiter bon courage. Olivier a prévu une bonne bouteille de vin que nous apprécions. L'après-midi, la deuxième partie de l'ascension se déroule sur un sentier escarpé pour arriver les pieds dans la neige. Je suis très satisfait d'avoir retrouvé de nouvelles sensations et cet immense plaisir de randonnée en montagne partagé avec les gens que j'aime. L'orage arrive et ne voulant pas prendre de risques, nous descendons par le train à crémaillère.

Plongée aux îles Lavezzi

Je viens de lire le livre de Frank Bruno, « Le Défi d'une vie debout ». A dix-huit ans, il fait son service militaire sur le porte-avions Foch, quand un avion lui roule sur la jambe ! Après avoir subi quinze opérations il se bat pour trouver un sens à sa vie. Il crée une association qui s'intitule « Bout de vie ».

De son combat, il en fait une force ! Je prends contact avec lui et j'adhère à son association. Au mois de septembre, il m'invite à le rejoindre sur le bateau de Gunther, son ami, pour participer à un stage de plongée dans les îles Lavezzi, en Corse. Je prends le TGV jusqu'à Marseille puis l'avion pour Figari. C'est Véronique, sa compagne, (sa vraie comme il dit souvent dans son livre) qui vient me chercher à l'aéroport. Je fais la connaissance de David, Babette, Antoine, Nicole, Catherine et Michèle, tous amputés comme moi d'un bras ou d'une jambe. Au petit matin, le ronronnement du bateau nous réveille ; il prend la direction des îles Lavezzi. Je rejoins Gunther qui est aux commandes ; il me demande de le remplacer. Je lui réponds que je n'ai jamais dirigé un si long bateau, mais en quelques minutes il m'explique toutes les manœuvres à faire et je me retrouve seul aux commandes. Je dois fixer un point sur l'horizon et garder le cap, c'est facile à dire ! Le bateau dévie souvent de sa trajectoire et à ce moment-là, il faut le redresser en tournant la barre à toute vitesse dans le sens opposé. L'inertie est telle qu'il ne se redresse pas instantanément. Il faut anticiper toutes les manœuvres pour ne pas zigzaguer. Une heure plus tard, je suis relayé, ouf ! Arrivés aux îles, Frank nous explique le déroulement et l'organisation du séjour. Chacun de nous doit être autonome. Ce bateau n'est absolument pas équipé, nous devons nous adapter et nous responsabiliser par rapport au matériel de plongée. Christophe, un marin chevronné, vient accoster près de nous avec son voilier. Nous partons naviguer avec lui en direction de la Sardaigne ; nous prenons beaucoup de plaisir à glisser sur l'eau. La voile reste un moyen de locomotion très pur, très écologique. Me voici à nouveau aux commandes de ce splendide voilier, le plus difficile étant de manœuvrer. Nous changeons de cap pour rejoindre Bonifacio à la découverte de ces immenses falaises qui surplombent la mer.

Frank nous apprend toutes les consignes de sécurité sur la plongée. Nos premiers pas dans cette eau limpide s'avèrent très positifs, nous effectuons deux plongées par jour jusqu'à vingt-cinq mètres ! Des journalistes de TF1 sont présents pour réaliser un reportage sur notre expédition. Les interviews se déroulent dans la bonne humeur et nous nous prenons au jeu, les langues se délient face à la caméra. D'une grande humilité, Frank, toujours égal à lui-même, est à l'écoute de nous tous et c'est un plaisir de partager tous ces moments de bonheur. C'est aussi un perfectionniste dans l'organisation, il invite même ses amis de la protection civile qui nous font découvrir le sud de la Corse en hélicoptère. Par la mer, par les terres, par les airs, rien ne manque à cette extraordinaire expédition qui se termine par une fête en notre honneur. Merci Frank !

Le 26 juin 2010, nous nous marions Sonia et moi. Nous avons décidé d'inviter la famille et les amis qui nous soutiennent. Deux jours de bonheur et de fête !

Cette année 2010 se termine par un séjour de trois semaines de rééducation au centre Jacques Calvé de Berck-Sur-Mer afin de poursuivre tout le travail réalisé jusqu'à maintenant et ainsi maintenir la forme. Je

rencontre des sportifs de haut niveau car le centre est équipé pour les recevoir. Je fais ainsi la connaissance des rugbymen et des basketteuses de l'équipe de France. J'apprécie ces moments de convivialité où, dans la souffrance, tout le monde est sur le même pied d'égalité.

Sortie moto à Lavens

Depuis quelques mois, je travaille à temps complet à l'hôpital de Besançon. J'ai beaucoup apprécié la façon dont mes collègues m'ont très vite fait confiance, aucun tabou, aucune barrière, tout s'est déroulé comme si rien ne s'était passé. Au début de l'année 2011, Frank m'envoie un message pour me prévenir qu'un club de moto organise un stage de trial ; une première avec des personnes amputées ! Ils se sont limités à quatre participants : deux Suisses et deux Français ; je fais partie du

lot. Au départ de Genève, je rencontre les deux Suisses, Nicole, avec qui j'avais plongé en Corse un an plus tôt, Jean-Luc, un super mec, un grand skieur amputé comme moi et David. A l'aéroport de Nice nous sommes chaleureusement accueillis et déposés à l'hôtel du petit village de Lavens. Luc Verger, le président de l'AMS, Guy Menevaut président du club de Lavens, Alain, Arnaud, Ludovic et Alexandre, membres du club sont là aussi. Dès le lendemain, nous essayons le matériel ; ce n'est pas évident, ces engins ne sont pas équipés de selles, mais simplement d'un petit emplacement entre la roue avant et la roue arrière en guise de siège. Les pieds traînant par-terre, nous réalisons quelques tours de circuit mais, à ce rythme, je préviens le président que nous allons labourer tout son terrain. Il nous demande de prendre position debout comme cela doit se faire ; aussitôt dit, aussitôt fait, nous voici tels des pros, debout sur nos motos. Nous commençons à passer des petits obstacles de vingt à trente centimètres, tout va bien. D'autres membres du club nous rejoignent, nous prenons nos repas ensemble dans une ambiance conviviale. Comme d'habitude, je suis l'un des premiers à vouloir prendre les obstacles les plus hauts et, fatalement, je suis victime d'une chute sur le côté après avoir calé au sommet. Coincé sous la moto, plusieurs collègues viendront à mon secours ! Plus de peur que de mal, simplement un vêtement déchiré. Il me faudra plusieurs chutes avant de maîtriser correctement ces obstacles. Luc, notre Président, nous invite dans son propre restaurant où nous apprécions un super repas arrosé de grands crus. Nous partons tous ensemble en randonnée ce qui nous permet d'apprécier les paysages de l'arrière-pays niçois. La séparation sera une nouvelle fois difficile après une semaine extraordinaire passée sous le signe de la convivialité.

Trek en Ouzbékistan

Ski à Chamrousse

Après tant d'années de pratique du ski alpin dans toutes les stations des Alpes, je me décide, en janvier 2012, à participer à un stage de ski qui se déroule à Chamrousse. Arrivé sur le site, je découvre l'appartement que je partage avec cinq autres personnes. Ensemble dès le lendemain nous nous présentons au point d'accueil ; les collègues de mon prothésiste sont là, ainsi que des moniteurs et les membres de l'association. Après avoir loué le matériel, je retrouve les joies de la glisse, mais ce n'est pas gagné, sur un seul ski il faut trouver ses repères et l'équilibre ! Le moniteur qui nous accompagne nous donne tous les conseils nécessaires,

il nous met en confiance et ainsi nous faisons nos premiers pas de ski sur un terrain presque plat. Je fais vite comprendre à notre instructeur que j'aimerais faire autre chose ! Aussitôt, me voici sur le télésiège qui nous monte sur les hauteurs de la station. Très rapidement, je maîtrise la technique pour dévaler toutes les pentes. Encore une nouvelle étape qui me réconforte dans mes possibilités pour partager des moments conviviaux. La confiance retrouvée dans la marche et la maîtrise de la plupart des situations me poussent à faire des projets et me donnent l'envie de partir à la découverte de nouveaux horizons. Je fais part à Sonia de mes réflexions et lui confie que je souhaiterais faire un trek en Asie centrale, plus précisément en Ouzbékistan. Surprise, elle m'avoue ne pas savoir où ce pays se situe sur la carte. Je dois tout faire pour la rassurer, c'est la première fois que je repars seul, si loin, quinze jours à l'autre bout du monde. Finalement, elle accepte…

L'Ouzbékistan

Après mes réservations, je mets tout en œuvre pour que cette nouvelle expédition soit une réussite. Je me prépare en partant en randonnée tous les jours une à trois heures après mon travail et aussi avec des sorties plus longues le week-end sur tous les types de terrain. Je surveille mon alimentation, pas de problème, je sais faire. Tous les feux sont au vert, je suis prêt physiquement et moralement à partir en trekking en Ouzbékistan pour mettre mes pas dans ceux d'Alexandre le Grand et de Marco Polo, le plus grand des voyageurs, pour arpenter la route de la soie et découvrir la mosaïque de cultures de ce pays de rêve. Au regard de ses voisins, Tadjikistan, Kirghizistan ou Afghanistan, l'Ouzbékistan fait plutôt figure de pays de basse-terre, les trois quarts du territoire étant constitués par des plaines dont les altitudes ne dépassent pas quelques centaines de mètres. Cependant, le point culminant du pays atteint 4 643 m dans la chaîne du Gissar. Ce pays possède d'importantes réserves d'or, de gaz et de charbon et c'est le deuxième exportateur de coton au monde.

Je pars seul ce mardi 6 mars 2012, en TGV direction Paris. Sonia est inquiète. A l'aéroport, je ne rencontre personne, je monte dans l'avion direction Moscou où je fais escale. Sept personnes font partie de cette expédition, je suis à la recherche d'un indice car il faut à tout prix mettre Sonia en confiance. L'aéroport de Moscou est immense, je dispose d'une bonne demi-heure que j'utilise à trouver quelqu'un ou une

information. Soudain, j'aperçois un couple portant un sac à dos. Je tente une première approche par un petit bonjour… La réponse ne tarde pas à venir, ce sont des Français ! Ils m'annoncent qu'ils prennent la direction de l'Ouzbékistan et font partie du même voyage. Je leur demande de quelle région ils viennent. Ils m'annoncent qu'ils sont originaires d'un petit village de Franche-Comté au bord d'un lac : Saint-Point ! Là, j'éclate de rire ! A quatre-mille kilomètres, je rencontre un couple qui réside à soixante-cinq km de chez moi ! Quelle bonne nouvelle ! J'appelle aussitôt Sonia pour la rassurer. Patrice et Martine sont de grands voyageurs. Professeur d'histoire, Patrice est un puits de science, une source d'informations inépuisable. Notre deuxième vol nous conduit à la capitale, Tachkent. Nous changeons d'aéroport au milieu de la nuit ; la fatigue, le froid, la pluie ne nous ménagent pas ! Après avoir dégivré l'avion, nous repartons une heure plus tard jusqu'à Ourgentch où un bus nous attend pour nous conduire à la ville de Kiva. Pas de repos, c'est déjà le départ dans les pas de Tamerlan, sur la route de la soie. Découvrir l'Asie centrale au cœur de l'hiver est une expérience insolite. La saison touristique est passée, les sites historiques les plus prestigieux d'Ouzbékistan retrouvent une atmosphère paisible propre à la contemplation.

Notre trek se traduit par une marche à travers les sites fabuleux d'Ouzbékistan ; notre guide ne manque pas de nous faire découvrir le travail des tisserandes qui, minutieusement, confectionnent des tapis de soie et brodent des vêtements. Les marchés sont l'occasion de découvrir et de rencontrer les Ouzbeks ; beaucoup de produits sont vendus en vrac, la viande est déposée sur des billots et c'est à la hache qu'elle est découpée, il n'y a pas de vitrine réfrigérée. Dans les villages, lors des marchés, les produits sont déposés sur une bâche à même le sol. Boukhara et Samarcande sont les oasis les plus célèbres de la route de la soie deux-cent-soixante-dix kilomètres les séparent.

Samarcande, jadis principale cité de l'antique Sogdiane, était la providence des « Assoiffés du désert ». La ville était située au carrefour des grandes routes commerciales de Chine, Sibérie, Perse et Occident. Son rayonnement vingt-deux siècles plus tard lorsque Tamerlan en fit la capitale de son empire. Les merveilleuses madrasas de la place Régistan, décorées de faïences éblouissantes, nous permettent de mieux cerner les influences multiples qui caractérisent l'évolution de l'architecture timouride. Le soir, dans les chambres d'hôtes, nous sommes chaleureusement accueillis autour d'une table bien garnie.

Nous prenons la route pour Shakhrisabz située à cent-soixante kilomètres dans une petite vallée de montagne ; nos regards se portent sur un immense attroupement où nous découvrons un marché aux bestiaux : veaux, vaches, moutons et volailles sont vendus et échangés dans une ambiance de fête. Des groupes de cinq à six personnes forment un cercle

pour compter l'argent des transactions ; je ne suis pas surpris de voir des piles de quarante centimètres de billets ; en effet, lors de notre arrivée, notre guide nous a conseillé de changer quarante euros. Résultat, je me retrouve avec une liasse de billets correspondant à 126.500 **sum ouzbek,** un vrai trésor ! Nous arrivons dans l'ancienne Kesh, la ville natale de Tamerlan. Ce dernier fit édifier ici l'immense palais Aq-Saray (XIVème siècle).

Ensuite nous rejoignons le petit village de Tepakul construit en terre ; il a gardé toute son authenticité. Cette randonnée nous permet de découvrir la vie rurale et les traditions encore très fortes dans le village et les collines environnantes.

Le trek se déroule dans une ambiance conviviale ; je n'ai aucun problème avec ma prothèse durant cette expédition. Tachkent, la capitale nous ouvre ses portes avant notre retour en France.

Opérations Survie

Survie en Corse

En Mars 2013, Frank Bruno m'invite avec Jean-Luc, mon ami suisse, en Corse pour participer à un stage de survie. Aussitôt je me pose la question : mais comment vais-je faire pour recharger ma prothèse ? Celle-ci dispose de deux jours d'autonomie, il existe bien des panneaux solaires mais dans le maquis avec une météo défavorable ! J'en parle à mon prothésiste qui me propose un genou mécanique. C'est la solution que j'adopte.

Je rejoins Jean-Luc près de Montreux et, ensemble, nous passons par l'Italie jusqu'à Livourne. De là, nous prenons le bateau jusqu'à Bastia, puis nous traversons toute la Corse avant de rejoindre Bonifacio. Quelques instants après notre arrivée à l'hôtel, je suis demandé à la réception, surpris de retrouver Christophe, le grand navigateur. Il m'annonce qu'il a vendu son bateau. « Quoi, un aventurier comme toi, sans bateau, je n'y crois pas ou alors tu as déjà d'autres objectifs » ! Ensemble, nous irons manger sur le port et c'est là que Christophe me raconte qu'il a trouvé un compromis avec une de ses connaissances pour acheter un énorme catamaran et repartir sur les océans pour trois ans ! Nous profitons de cette dernière soirée avant d'affronter le maquis corse.

Dès le lendemain, au petit matin, nous partons pour le village de Pianottoli-Caldarello. Nous sommes six à participer à ce stage, je suis surpris de retrouver Christophe qui ne m'avait rien dit. Jean-Luc a invité un de ses amis, Pierrot, et nous ferons la connaissance de Sébastien et bien sûr Frank qui arrive avec sa « Vraie » (sa compagne) et son ami Claude qui nous dépose dans un hameau au pied du massif de Cagna. La nourriture est partagée entre nous, l'aventure peut enfin commencer. Le sentier muletier qui nous mène sur un cul-de-sac est très glissant et le brouillard nous emmitoufle. Au sommet d'un petit col nous attaquons

vraiment. Adieu au beau chemin pour nous retrouver dans un maquis dense non balisé avec des arbousiers et des bruyères qui nous barrent le passage. Frank s'appuie sur les ronces dans lesquelles se prennent nos prothèses pour nous frayer un chemin. La pluie incessante depuis plusieurs semaines rend la progression extrêmement « casse-gueule ». Finalement, au bout de trois heures d'efforts, nous rejoignons une piste. La pluie nous accorde une trêve, il nous reste une heure de marche pour rejoindre une ruine en pierre qui nous sert de refuge.

Cela fait deux jours que nous marchons en équipe, bien soudés avec Frank notre guide, toujours à la hauteur de la situation. Il connaît chaque recoin de cette immense forêt. Dans un maquis très dense, nous trouvons une ancienne aire de charbonnage. La nature a repris ses droits ; le premier travail est d'élaguer ce terrain plat qui va nous servir de refuge. Soudain, le vent se déchaîne, les éclairs nous encerclent, le déluge nous tombe sur la tête. Le torrent en contrebas monte d'un mètre en quelques minutes !

Les conditions sont particulièrement difficiles pour monter le camp. Nous installons un muret pour le foyer et nous cherchons de la bruyère sèche mais sans succès. Nous ne pourrons pas faire de feu ! Malgré cette météo détestable, Frank parvient à allumer le feu. Il nous apprend à vivre en pleine nature. La survie, c'est sauver sa peau coûte que coûte et rendre le futile indispensable ! Quelques jours plus tard, sales, boiteux, nous sommes récupérés. La victoire est au bout du chemin !

Seul en survie

En juin 2013, je bénéficie d'une semaine de vacances. J'insiste auprès de Sonia pour qu'elle me laisse partir seul en montagne en Suisse dans le chalet de mon ami Jean-Luc. En fin de semaine elle pourra me rejoindre en train jusqu'à Montreux, puis par le petit train à crémaillère qui la déposera au village des Avants. Je prépare minutieusement mes affaires. Jean-Luc me prévient, il n'y a ni eau, ni électricité au « Chat Laid » qui porte bien son nom, ce qui explique son appellation. Il me dit de prévoir du carburant pour la génératrice qui me servira à recharger ma prothèse. Ces explications s'arrêtent là. Il conclut en disant : « Tu as fait un stage de survie, eh bien bonne chance » ! Arrivés à Montreux, je monte en direction du col de Jaman, par une petite route étroite ;

Je ne trouve pas, le seul endroit où j'aurais pu éventuellement passer est interdit à tout véhicule.

Stage de survie oblige, je ne téléphone pas à Jean-Luc. A pied, j'explore les environs et je découvre le chalet perché sur une colline. En voiture je n'arrive pas à monter le chemin caillouteux, j'utiliserai les accotements pour grimper. Enfin Je décharge ma voiture : les caisses de bois pour alimenter la cuisinière, le carburant qui, durant le trajet, a augmenté de volume et ressemble plus à un ballon de football qu'à un jerrican. Je trouve une brouette près du chalet qui me sera bien utile pour transporter

tous les bagages mais lorsque je veux prendre le jerrican de carburant, celui-ci m'échappe des mains et dévale sur quatre-vingts mètres en rebondissant sur les pierres et les souches des arbres. Je descends aussitôt tant bien que mal, entre branches et buissons et j'aperçois mon jerrican intact au pied d'un ruisseau ! Je pousse un ouf de soulagement, mais dans ma précipitation, j'ai oublié de prendre un sac à dos. Les bâtons à la main, je déplace le bidon d'essence, mètre par mètre. Cette mauvaise passe me prendra une heure !

Après une bonne nuit réparatrice, j'irai inspecter les environs à la recherche de points d'eau nécessaires à ma survie. Les journées de marche s'enchaînent, je donne des nouvelles le soir à Sonia. Le deuxième jour, de retour vers dix-sept heures, je vide cinq litres d'essence dans la génératrice. Ma prothèse est complètement déchargée. Je ne peux plus marcher, je réussis à mettre l'engin en route. Deux heures plus tard, tout s'arrête, plus de carburant ! Mince, je n'ai que deux jours de fonctionnement ! Ma voiture est en position départ ; j'ai eu beaucoup de difficultés pour arriver au chalet par un chemin caillouteux, avec l'humidité et la voiture vide. Jamais je ne pourrai remonter une deuxième fois ; la météo n'est pas au mieux. Alors je garde une stratégie de repli au cas où cela viendrait à se gâter. En attendant, je pars pour une nouvelle journée de randonnée. Dès neuf heures, après avoir dévalé quatre-cent mètres de dénivelé, je me trouve sur un sentier pentu. Des bûcherons viennent de couper toute une forêt ; les arbres sont empilés les uns sur les autres, je ne peux pas faire demi-tour, la nuit me garderait prisonnier. Une seule solution, escalader tout en restant prudent. Je suis seul, tous mes gestes sont calculés, je m'en sors bien avec seulement quelques égratignures sur le mollet gauche. Le droit n'a rien…

Je n'ai plus d'eau, je compte sur la générosité de nos amis suisses. Mon chemin arrive près d'un chalet, je demande la route au propriétaire qui jardine devant chez lui. Le sentier passe en limite, il me demande où je vais. « Mon pauvre, il vous faut redescendre au fond de la vallée, c'est la seule solution pour remonter ensuite à 1 400 m » ! Il me donne de l'eau en me souhaitant bon courage. J'arrive vers vingt heures ; épuisé, je n'entends même pas l'appel de Sonia ! Je fais le tour de l'horloge et j'appelle mon épouse dès le lendemain en lui disant : « quoi qu'il arrive, je t'attends ce samedi à la gare des Avents » ! Je n'ai jamais si bien fait car mon téléphone se coupe et impossible d'appeler mon opérateur. Bientôt plus d'énergie pour ma prothèse et plus de téléphone, je suis coupé du monde mais cela ne m'empêche pas de repartir en randonnée. Les paysages sont magnifiques ; sur mon chemin, je passe régulièrement près d'un chalet. Celui-ci n'est pas occupé mais une porte d'une remise reste entrouverte. Par instinct de survie je m'approche et découvre une motoneige. Aussitôt je pense : « Il y a sûrement du carburant »… Extraordinaire, c'est exactement ce que je découvre et je me dis : « Mon Dieu, ce n'est pas du vol, mais bien une nécessité » ! Au cinquième jour, je suis réveillé par l'orage, le temps se dégrade ; je prends vite la décision de quitter les lieux et de retrouver ma belle à qui je détaille toute mon expédition.

Je ressens le besoin de me retrouver quelques jours seul dans la nature une fois par an. C'est en quelque sorte un bilan, une confession au milieu des paysages de montagne.

Randonnée à Gap

C'est encore une belle semaine de randonnée qui se prépare : la cinquième du nom, avec nos amis Laurent et Stéphane. Un plaisir, non un immense bonheur, de se retrouver tous les quatre. Laurent et Stéphane très proches de la nature, nous apportent toute leur connaissance dans ce domaine : ils sont incollables sur l'identification des plantes, des fleurs, des arbres, des oiseaux... Avec son sens de l'orientation, Laurent nous fait découvrir les meilleures randonnées à travers les plus beaux sites de la région. Stéphane choisit la vallée suivant son exposition, au frais lorsque les températures sont au plus haut en mariant la haute et la moyenne montagne. Le choix se fait la veille suivant la météo et, cerise sur le gâteau, lorsque la randonnée est à proximité d'un lac de montagne.

Nous sommes fin Juillet 2013 et nous découvrons ce matin-là, notre destination, la vallée du Champsaur. Nous sortons de Gap par le col Bayard et après vingt-six kilomètres nous découvrons le petit village de Moline en Champsaur. Loin de l'effervescence touristique, nous apprécions le calme dans une nature luxuriante.

C'est parti pour cinq à six heures de randonnée. Après la visite du village avec Jeni, la fille d'une amie de Stéphane, nous remontons le cours de la Séveraissette. Laurent cherche un passage pour traverser la rivière. Après avoir mis plusieurs fois le pied dans l'eau, Sonia et Stéphane réussissent à la franchir à l'aide d'un mélèze tombé entre les deux berges. Arrivée de l'autre côté, Sonia constate que le sentier n'est pas praticable. Finalement nous irons au fond de la vallée avant de monter sur les hauteurs. Sonia commence sa quête de pierres qui seront transportées dans le sac de Laurent. Après la pause de midi, quelques nuages font leur apparition, rien de méchant ; nous sommes sur une crête et le paysage

est magnifique : « trop beau Mamie » comme le dit notre petite fille. Les orchis, les mélampyres, les lys martagons et les campanules nous émerveillent ; c'est un pur bonheur de les découvrir.

Vers seize heures nous faisons une petite pause mais, avant de partir, un coup de tonnerre retentit. Stéphane réfléchit et prend la décision d'attendre, car à cet endroit une petite maison forestière peut nous être très utile. Quelques instants plus tard c'est un orage violent qui s'abat sur nous ; la grêle frappe de toutes parts, un vrai déluge, le froid nous gagne, du jamais vu et le pire, nous n'avons pas de vêtements adaptés. Le beau temps a toujours été avec nous alors petit à petit les sacs se sont vidés : grossière erreur !

Non, pas nous qui pratiquons la montagne depuis longtemps, se faire avoir comme des débutants ! L'orage dure plus d'une heure, nous sommes toujours bloqués. Sonia a froid, elle est inquiète, nous sommes

encore loin de la voiture ; j'ai bien un foulard que je lui propose, nous ne pouvons pas rester là.

Une petite accalmie nous fait sortir de la cabane et nous apercevons alors des cascades sur le versant opposé au fond de la vallée. Le ruisseau s'est transformé en torrent. Malgré une pluie fine, nous prenons la décision de descendre. Les éclairs grondent encore quand nous quittons notre abri. Le sentier est glissant, nous prenons toutes les précautions dans les parties rocheuses. Arrivés au village nous retrouvons la voiture et un peu de chaleur. Je fais cent mètres et nous constatons que la route n'existe plus : c'est un torrent de dix mètres de large et d'un mètre de haut qui la coupe ; nous sommes bloqués pour la nuit. Aussitôt, je fais demi tour, direction la petite auberge du village ; par chance il reste une grande chambre avec six lits. Après une bonne douche nous retrouvons le sourire.

Le lendemain, après le petit-déjeuner et en attendant l'ouverture de la route, nous repartons explorer une autre vallée. Après un kilomètre je suis Laurent qui vient de quitter le chemin pour grimper un petit sentier. Tout à coup, dans la pente, alors que je veux prendre appui sur ma prothèse, celle-ci s'enfonce dans la terre rendue molle après les orages. Je pars en avant, je suis déséquilibré, Je veux me récupérer mais mon corps part en arrière, je fais un saut périlleux et me retrouve en contrebas sur le chemin. Sonia et Stéphane assistent impuissants à ma chute , Je m'en sors bien avec seulement quelques égratignures. C'est reparti ! En fin de journée la route sera ouverte, et tout le monde sera libéré !

La Via Francigena

Fin septembre 2013, je suis bien sur la Via Francigena. C'est un réseau de routes empruntées par les pèlerins qui relient Canterbury en Angleterre, à Rome, une voie comme les chemins de Compostelle. Cet itinéraire de pèlerinage retrace la route que suivit Sigeric pour se rendre à Rome en 990 afin de rencontrer le pape Jean XV et recevoir le Pallium symbolique de sa nomination d'archevêque. « Tous les chemins mènent à Rome » dit le proverbe, c'est précisément le but de mon inscription décidée en cours de route puisque nous prenons le départ près de Lausanne. C'est mon amie Agnès qui m'a mis en relation avec Colette, elle travaille au diocèse de Besançon. Le départ donné, nous allons jusqu'à Vevey à travers le vignoble suisse. Je fais la connaissance d'une partie des participants et plus particulièrement de Bernard Sœur, un prêtre-ouvrier d'une très grande générosité. Au terme de cette première journée de marche, un bus nous emmène à Saint-Maurice, au foyer franciscain, où nous serons hébergés durant deux nuits. Le lendemain, nous marchons en direction de Martigny. Jean-François, directeur des pèlerinages, anime toute la partie culturelle. Il ne manque pas de citer la complicité du père Norbert qui, à travers sa discrétion, reste un personnage très sympathique. Bernard se rapproche le plus souvent de moi. Il me demande d'interve-

nir un soir devant tout le monde. Notre soirée s'achève par la visite de l'abbaye de Saint-Maurice et, après un discours du directeur du foyer, Bernard prend la parole. A ce moment, je me dis que je m'en sors bien et qu'il m'a oublié …quand retentit mon prénom ! « Je sais que Gabriel a préparé quelque chose » Trop tard ! Contrairement à ce qu'il vient de dire, je n'ai rien prévu. Finalement, je parle de mon parcours, je dis simplement que mon handicap se voit, contrairement à toutes les personnes que nous avons autour de nous et qui sont condamnées par une maladie, un cancer, ce sont tous ces malades que nous devons aider. Je termine mon intervention en leur disant que si l'on me proposait une nouvelle jambe, je ne la prendrais pas. J'ai accepté cette nouvelle vie grâce à ma famille et mon entourage et rien ne me ferait revenir en arrière.

Les participants ont peur pour moi, en sachant que les étapes de montagne arrivent. Je rassure tout le monde en disant que je suis venu pour cette partie. La montée au col du Grand Saint-Bernard à 2 469 m d'altitude est de toute beauté avec ses sommets enneigés. Nous voici en Italie, une dernière étape de montagne et c'est le retour en bus où nous écoutons les messages de paix de Bernard.

Sur le chemin de la Francigéna, je me suis remémoré toutes ces fêtes religieuses en famille, (Pâques, la Toussaint, Noël...) qui nous étaient imposées. Nous étions heureux entre frères et sœurs. Aujourd'hui, chacun a ses priorités et on se voit moins, ce qui à mon avis, n'est pas la meilleure des choses.

Mon combat pour une prothèse

Cette année 2013 se termine par une nouvelle opération de mon moignon. En effet, les chirurgiens lyonnais n'ont pas refermé correctement la partie amputée ; résultat : lorsque j'enfile mon manchon avant de rentrer dans ma prothèse, une poche d'air se forme. Avec la transpiration, mon moignon trempe dans son jus, ce qui abîme la peau. C'est reparti sur la table d'opération à la clinique. Laurent Jeunet en personne m'opère et je découvre toutes les photos d'une partie de mes expéditions que j'avais passées à Laurent pour les diffuser sur les écrans du bloc. L'opération est un succès mais elle m'immobilisera cinq semaines avant de reprendre le travail. Ensuite, j'irai à Mâcon chez mon prothésiste pour refaire mon emboîture.

En 2011, la société allemande Ottobock met au point une nouvelle prothèse appelée « Génium ». Celle-ci me sera présentée en avant-première lors de mon séjour à Berck-sur-Mer par Madame Cotrel, médecin rééducateur. Elle vient de participer à un salon à Leipzig. Depuis cet instant, j'ai bien compris que cette nouvelle prothèse me changera la vie, mais le problème, c'est son coût : cinquante-six-mille euros ! Elle n'est absolument pas prise en charge par les organismes sociaux et j'en ai la confirmation après avoir rencontré le médecin conseil de la CPAM. C'est là que démarre mon deuxième combat, trouver les fonds pour financer cette prothèse.

Dès 2012, je monte un premier dossier et je sollicite toutes les administrations, banques et organismes sportifs. Les réponses tardent à venir et quand elles arrivent ce n'est que du négatif. Je ne baisse pas les bras, j'attends surtout une première réponse positive ; je pars à la chasse et m'adresse alors au Rotary et Lions Club. C'est de là que se concrétisent mes premières promesses avec des petites sommes. Je suis tout de même ravi. La MDPH (Maison Départementale du Handicap) se mobilise également. Martine, une amie qui travaille à la DRH du CHU de Besançon,

qui m'a toujours soutenu et aidé administrativement, m'informe que j'ai des droits. Effectivement, le CHU paie des pénalités car il n'embauche pas suffisamment de personnes handicapées. Cet argent sert à former les employés sur un nouveau métier, suite à un accident ou à acheter du matériel. Elle m'envoie les statuts ; je découvre que pour une prothèse non prise en charge, dix mille euros sont attribués. Me voici remonté plus que jamais pour obtenir ces dix mille euros. Après de nombreux courriers et coups de téléphone, il me faut attendre deux ans pour avoir une réponse négative, me disant que la prothèse n'est pas référencée à la CPAM. Un jeu de mots que je n'ai guère apprécié !

En 2013, je trouve toute la motivation pour préparer un nouveau dossier avec ma sœur Marie-Thérèse et je sollicite deux cents entreprises de la Région de Franche-Comté. Un boulot énorme, des heures de travail, tous les dossiers sont postés, je n'ai plus qu'à attendre… Une semaine plus tard, les réponses arrivent, toutes négatives, mais j'y crois encore. Seuls 10 % me répondront jusqu'au jour où mon ancien voisin, directeur d'une grosse entreprise, dépose un chèque de cinq cents euros dans ma boîte aux lettres. Je n'ose y croire, les premiers euros pour ma prothèse,

du vrai, du concret, merci Christian ! Devant ma détermination et voyant que rien n'aboutit, mon fils Florent décide de m'aider. Un nouveau dossier en images et en couleur est mis sur pied, le bon cette fois-ci. J'irai moi-même le déposer aux directeurs d'entreprises.

Je reprends espoir en cette fin d'année 2013 lorsque les journalistes du quotidien régional l'Est-Républicain frappent à ma porte. Je suis avec mes béquilles car je viens de me faire opérer. Je ne sais pas si cela aura une influence, mais je fais la « une » du journal en photo couleur, avec un bel article à l'intérieur. Nous sommes le 23 décembre, quel beau cadeau de Noël ! Merci Catherine et Ludovic. Les courriers arrivent de toute la région avec des chèques, des sommes plus ou moins importantes. Les petits ruisseaux font les grandes rivières, n'est-ce pas ? Et me voici motivé pour rencontrer le député de notre circonscription qui sera généreux avec moi.

Je ne manque pas de remercier tous ces gens connus ou anonymes qui m'aident financièrement, notamment cette chère Denise, retraitée, qui le fera à plusieurs reprises. Je prends le temps d'aller lui souhaiter son anniversaire avec des fleurs. Ma tante Alice sera la première de la famille à m'aider, ensuite et comme toujours, ma sœur Marie-Thérèse. En janvier 2014, je reçois un appel de la chaîne de télévision LCP qui me demande si je suis d'accord pour enregistrer un reportage qui sera diffusé durant l'émission « État de santé ». J'accepte avec plaisir. Les journalistes enregistrent toute une journée à la maison sur le site de Montfaucon ainsi qu'à Besançon où je rencontre mon chirurgien Laurent Jeunet. Je dénonce le drame des maladies nosocomiales non prises en charge, des prothèses et la longueur des batailles juridiques. Le reportage sera diffusé pour la première fois le 17 février 2014, puis une vingtaine de fois.

La magie opère !

Mon ancien voisin de Mamirolle, Luc Poirot, que je n'ai pas revu depuis de longues années, me contacte par téléphone pour me proposer ses services. Le soir même il est à la maison avec sa charmante épouse, Jeanine. Touché par mon histoire, il veut la mettre sur papier. Sonia est très émue par sa démarche et c'est avec un immense plaisir que j'accepte. Aidé d'un dictaphone et d'un logiciel, tous les mercredis durant cinq mois, nous retraçons toute ma vie dans ce livre…

Avant de partir au Népal, j'ai rencontré mon assureur pour me couvrir en totalité. Celui-ci me répondit que mes contrats couvrent largement ce genre d'expédition. Après mon retour il m'annonce que les infections nosocomiales ne sont pas couvertes ; plus tard, c'est le médiateur qui me recevra en me proposant de monter un dossier pour le fonds de solidarité ; celui-ci me soutient généreusement, comme les artisans et commerçants de mon village natal qui organisent un loto. Toutes ces attentions me touchent. Pas après pas, les choses se concrétisent ; la troupe ABCDEF vient jouer une pièce de théâtre dans mon village.

Je suis très touché par l'action de mon ami et ancien entraîneur de course à pied, Cédric ; il a cueilli du muguet dans son jardin et réalisé un certain nombre de petits bouquets qu'il vend le 1er mai devant la boulangerie de Montfaucon. Merci à vous tous pour votre aide, sans oublier Monique et Pierre pour leur générosité, et mes amis coureurs qui se mobilisent : Philippe, Gégé, Didier, Jean Michel et Alain...

80

Conclusion

Je fais partie de la grande famille des blessés de la vie, c'est ainsi pour toujours. Se retrouver avec un ou plusieurs bouts en moins est une épreuve de taille difficile à surmonter.

La solitude sera compagne de chambrée. Mais dans tout cela il y a quelque chose de sournois qui nous rassemble. Les proches ne peuvent pas comprendre ! Attention n'y voyez pas une attaque ou une offense. Se retrouver mutilé est une injustice colossale, que ni l'amour, ni les mots ne pourront atténuer. La seule lueur d'espoir est de rencontrer des gens comme vous. Dans ma convalescence, le moral sera en dents de scie.

Une épreuve pour moi, mais aussi pour mon clan. Je ne supporte plus les : « Tu es courageux et puis tu es un héros maintenant »

Une belle jambe de bois...

Onze mois de rééducation, le moral au fond de l'emboîture et une injustice grandissante qui n'en finit pas, je vais y laisser des plumes. Un prothésiste m'appareillait avec un truc immonde, et dire qu'on m'avait promis que j'aurais une sorte de vraie jambe ! La personne qui s'occupait de moi me harcelait sur ma façon de marcher, jusqu'au jour où je vais lui faire un truc qui fait mal ; c'est alors qu'il lève son pantalon pour me dévoiler sa prothèse...

De ce jour-là, je compris et je me sentis moins seul...

Bien sûr chacun le vit différemment et l**a chose la plus importante est de faire un pas après l'autre.** La rage et l'envie furieuse de hurler sont normales. Gérer, comme l'alpiniste qui attaque la face Nord de la montagne la plus haute du monde. Il ne pense pas au sommet, mais à chaque pas qui va le conduire au toit du monde. Bien sûr, il y a un objectif, mais il faut penser au présent.

Être amputé est une épreuve qui doit être vaincue doucement ; trop d'éclat au départ et la chute fait encore plus mal. L'injustice par moments est une douleur quasiment physique : ce foutu **« Pourquoi moi » revient sans cesse.**

Vous souffrez et seul, vous savez à quel point, c'est difficile. Vous pensez à vous foutre en l'air ! Pourquoi pas ? Mais moi je trouve que c'est dommage. La vie est tellement pleine d'imprévus que le suicide n'est pas la panacée.

Les drogues ? Déjà que nous avons quelque chose d'assez « Balaise » à gérer ; en plus il faudrait surmonter ce monstre immonde ! **Une autre solution et, celle-là je la trouve sympa, c'est de tourner la page.**

OK facile à dire, moins à faire. Un pas après l'autre, j'ai envie de crier, non de hurler... Une manière d'évacuer le stress.

Dix années de combat et d’acharnement !!!

Durant lesquelles j’aurai puisé toute l’énergie pour faire face à une administration inébranlable. Lorsque vous n’avez pas les plus grands avocats, tout s’écroule.

Je ne souhaitais qu’une chose, que mes prothèses soient prises en charge.

Après avoir rencontré de nouveaux avocats, ils ont retracé tout mon parcours ; maladie nosocomiale, amputation, expertise, procès, nouvelle expertise, mauvais jugement…

Ils m’annoncent que suite à cette erreur judiciaire il n’y a pas de recours, mon affaire va tomber dans les oubliettes… Incroyable, inimaginable, après toutes ces dépenses environ, 11 000 €, je dois accepter cette injustice.

Aujourd’hui je n’ai que des dépenses et aucune prise en charge, mais je n’abandonne pas, je continue à gravir la montagne administrative avec la meilleure volonté du monde, infranchissable !!!

Handicapé à 80 % je vais devoir me battre seul si je veux obtenir une prothèse adaptée, celle-ci coûte 78 000 € et les organismes sociaux ne m’aideront pas. Après avoir cotisé durant 42 ans, je devrai trouver des fonds pour enfin vivre presque normalement, pour l’instant je ne coûte rien à la sécurité sociale.

Mais rien ni personne me fera baisser les bras. Je veux et je défendrai ce problème qui reste discriminatoire.

Vous avez les moyens alors vous pouvez vous payer toutes les dernières technologies !!!

Dans quelle société vivons-nous ?

Ma rage et ma détermination me disent de poursuivre mon combat.

Me battre, encore et encore même si je n’en bénéficierai pas, j’espère simplement que mes sœurs et frères abîmés par la vie sortiront la tête haute.

Remerciements

Je veux remercier sincèrement toutes les personnes qui ont toujours cru en moi et tout particulièrement Sonia, mon épouse, qui à toujours été à mes côtés ; un grand merci à Jérome, Anne-Laure, Mickael, Laurine, Florent, Marie-Thérèse, Olivier, Clément, Quentin, César, Corinne, Marian, Ilma, Marie-Cécile, Marie Agnès, Guy, Ségolène, Béranger, Philippe, Catherine, Mamie et Maman.

Tout le personnel soignant et les médecins

Mon chirurgien Laurent Jeunet
Dr Schillo et Dr Mathieu
Séverine et tous les gens de Quingey
Chantal et Claude
Stéphane
Elise, Loïc et Vincent
Tous mes collègues de travail
Pascal, Eddy, Ludivine, Claire, Marc, Alice et Jérôme
Chantal et Christian
Ma tante Alice et son mari
Gérard et Françoise
Isabelle et Didier
La Dédée, la Denise, Marcelle et Janine
Philippe, Alain,
Jean Michel et toute l'équipe de « Doubs terre de trail »
Isabelle et Cédric

Nos voisins :

Germain, Jean-Marie, Nicolas, Thomas, Jean, Didier et leurs épouses, Sophie, Antoine.

Les commerçants et artisans de La Rivière-Drugeon

La troupe ABCDEF

Monique et Pierre

Alexandra

Bruno, Dominique, Luc, Pierre, Philippe, Alain, Valérie, Evelyne, Blandine, Danièle, Norbert, Jeanne, Micheline.

Patricia et Pierre

Martine et Pascal

Run et sens et tous les membres du club

Je remercie sincèrement Jeanine et Luc qui ont permis à ce livre de voir le jour.

Merci de ne pas m'en vouloir si j'ai oublié certaines personnes. Merci à tous par votre présence, vos petits mots et votre sincérité. Tout cela a fait ma force.

Nous remercions chaleureusement :

Gérard qui a assuré la mise en page de ce livre.

Merci également à :

Chantal et Henry

Nicole

Marie-Colette et Jean-Paul

Martine

Nathalie

Laurine

Florent

qui ont assuré la relecture de cet ouvrage.

Leurs conseils avisés ont été précieux.

Sommaire

Sa volonté pour rester debout
est une entreprise qui nous a convaincus.
Simon Graphic a souhaité soutenir le projet
de Gabriel Mairot car sa détermination
est l'un de ces exemples qui forgent nos motivations.

Nous sommes porteurs de certaines valeurs.
L'éco-responsabilité en est une.
La force d'action en est une autre.
Nous choisissons de lier les deux
en mutualisant toutes les énergies.

Photos page de couverture : Bévalot Phox - Besançon

Achevé d'imprimer en décembre 2021

Par l'Imprimeur Simon
ZI Noirichaud-25290 Ornans

Dépôt légal : décembre 2021

Auteurs : Gabriel Mairot et Luc Poirot

Editeur : Association : « Aventurier malgré tout »

N° ISBN : 978-2-9550308-0-6